木島正明 監修
シリーズ〈現代金融工学〉

7

市場リスクの計量化と VaR

山下智志 著

朝倉書店

まえがき

　わが国において VaR（Value at Risk）の概念が普及して早くも 10 年近い歳月がたとうとしている．市場の変動にさらされている資産のリスク量を把握するための方法は，以前から様々なものが考案されてきていたが，その本格的な普及は，VaR の登場とその使用をなかば義務づけた BIS 規制により達成されたといえよう．

　このような流れに沿って，現在までに VaR や市場リスクの計量化モデルについて解説した本が多数出版されている．しかし，それらの多くは，オプションや金利などの特定の資産についてのみの解説であったり，本来は数多くの計算方法があるにもかかわらず，特定の計算方法のみ説明していたりで，全体像を把握できるような内容ではなかった．また，複数の著者による合作のため，全体の流れがわかりにくいものも見受けられる．

　米国においても，市場リスク計量モデルを網羅的かつ実務的に解説した本は多くない．わが国同様に一部の資産について解説したものや，数学的な記述に欠けているため，実際にモデルを作成する際に役立ちづらいものが多い．その中で Kevin Dowd によって 1998 年に書かれた *Beyond Value at Risk* は，特別目新しい記述があるわけではないが，全範囲について網羅的に紹介された画期的な著書である．しかし，そこで紹介されている計算方法には米国独自のものがあり，数学的表現も日本人の実務家にとってはわかりやすい記述法ではない．

　このような市場リスク計量化モデルに関する著書の現状をみると，この分野を志す人にとって必ずしも適切な学習書が存在しているとはいえない．

　そこで，リスク計量化モデルに関する本の執筆依頼を受けたとき，第一に考えたことは上記のような問題点を解決するような構成にし，細部の記述についても過度に専門的な部分をできるだけ抑えることであった．そのことによって読者が偏った知識を持たず，全体を感覚的に把握できることをめざした．

　そのため本書では，以下の点を心がけながらリスク計量化モデルについて解説を試みている．

- 一部の技術に特化せず，すべての要素を網羅する．
- 理論的よりも実用的な説明に重点を置く．
- 感覚的に把握できる要件については，難解な説明を避ける．
- 数式より図表による説明を多様する．
- 実務的に各理論がどのように扱われているか，紹介する．

　構成としては，第1章で市場リスクやVaRモデルの発展の背景，役割について紹介し，第2章でその定義について解説する．第3章から第5章がモデリングに関する部分で，まず第3章に基本構造を，第4章に実際にデータを扱うとき発生する問題点と解決策を，第5章に資産別の固有のアプローチを紹介する．最後に第6章では，作成されたモデルの評価方法とモデルの優劣について解説する．

　本書を執筆するにあたって，上記のような理想を掲げたが，スペースなど物理的な理由と著者の能力の限界から，必ずしも読者の期待を満足させるものではないかもしれない．行き届かない点については，失礼ながら今後の課題とさせていただきたい．

　最後に，本書をまとめるにあたって，本シリーズの監修者であり，望外の機会と数々の助言をいただいた木島正明先生に，感謝の意を表したい．

2000年3月

山下智志

目　次

1. リスク計測の背景 ……………………………………………………………… 1
   1.1　マーケットリスク管理の変遷とVaRの起源 ………………………… 1
      1.1.1　リスク管理モデルRiskMetricsの誕生 ………………………… 1
      1.1.2　VaRモデルの普及と展望 ………………………………………… 3
      1.1.3　自己資本規制とVaRの展開 ……………………………………… 4
      1.1.4　リスク管理モデルの技術的発展 ………………………………… 7
      BOX-1　「マチュリティーラダー分析とギャップ分析」 ………… 10
   1.2　リスクの種類 …………………………………………………………… 11
      1.2.1　リスクの分類 ……………………………………………………… 11
      1.2.2　信用リスク ………………………………………………………… 12
      1.2.3　市場リスク ………………………………………………………… 13
      1.2.4　金利リスク ………………………………………………………… 13
      1.2.5　流動性のリスク …………………………………………………… 14
      1.2.6　オペレーションリスク …………………………………………… 15
      1.2.7　法的リスク ………………………………………………………… 16
      BOX-2　「リスクと不確実性の違い」 …………………………… 17

2. リスク計測の意味とVaRの定義 …………………………………………… 18
   2.1　リスクの評価指標 ……………………………………………………… 18
      2.1.1　リスク感応度 ……………………………………………………… 19
      2.1.2　ボラティリティ …………………………………………………… 20
      2.1.3　下方リスク ………………………………………………………… 21
      BOX-3　「2種類のリターン（算術収益率と対数収益率）」 …… 22
   2.2　VaRの概念と定義 ……………………………………………………… 23

- 2.2.1 VaR の基本概念 ………………………………………… 23
- 2.2.2 VaR のボラティリティ …………………………………… 23
- 2.2.3 保有期間 …………………………………………………… 24
- 2.2.4 信頼水準と信頼係数 ……………………………………… 25
- 2.2.5 VaR の概念のまとめ ……………………………………… 26
- 2.2.6 VaR とポートフォリオ理論の相違点と共通点 ………… 27
- **BOX-4**「平均と VaR の関係」………………………………………… 30
- 2.3 分布の正規性とその検証 ………………………………………… 31
  - 2.3.1 正規性の影響 ……………………………………………… 31
  - 2.3.2 非正規性への対策 ………………………………………… 34
  - 2.3.3 収益率の分布の正規性を検証する手法 ………………… 35
  - 2.3.4 実務からみた非正規性 …………………………………… 35
- 2.4 VaR 管理手法のフレームワーク ………………………………… 36
- 章末問題 …………………………………………………………………… 39

3. リスク計測モデルの基本構造 … 41

- 3.1 VaR 算出モデルのバリエーション ……………………………… 41
  - 3.1.1 VaR モデルの分類方法 …………………………………… 41
  - 3.1.2 代表的な方法 ……………………………………………… 43
- 3.2 BIS 標準法 ………………………………………………………… 44
- 3.3 デルタ法（分散共分散法）……………………………………… 46
  - 3.3.1 デルタ法の基本 …………………………………………… 46
  - 3.3.2 エクスポージャー（感応度）…………………………… 47
  - 3.3.3 リスクファクターが1つのときの VaR ………………… 48
  - 3.3.4 複数リスクファクターの場合 …………………………… 50
  - 3.3.5 デルタ法の計算ステップ ………………………………… 52
  - 3.3.6 デルタガンマ法 …………………………………………… 53
- **BOX-5**「分散共分散行列の多様性」………………………………… 54
- 3.4 ヒストリカル法 …………………………………………………… 55
  - 3.4.1 ヒストリカル法の概要と計算ステップ ………………… 55
  - 3.4.2 ヒストリカル法に対する批判と反論 …………………… 58

3.4.3　ブートストラップ法 …………………………………… 59
　　BOX-6　「ブートストラップ法の基本概念」………………………… 61
　3.5　モンテカルロ法 ………………………………………………… 62
　　　3.5.1　モンテカルロ法の概要と計算ステップ ………………… 62
　　　3.5.2　モンテカルロ法の正否のポイント ……………………… 65
　　　3.5.3　モンテカルロ法の市場変動モデル（固定分散のモデル）………… 66
　　　3.5.4　モンテカルロ法の市場変動モデル（可変分散のモデル）………… 67
　　　3.5.5　相関のある乱数列の作り方（コレスキー分解）………… 73
　　　3.5.6　シミュレーション回数と収束精度 ……………………… 74
　　BOX-7　「乱数発生のアルゴリズム」…………………………………… 78
　3.6　ストレステスト ………………………………………………… 78
　　　3.6.1　ストレステストの概要 …………………………………… 78
　　　3.6.2　ストレステストのバリエーション ……………………… 79
　　　3.6.3　BIS 規制におけるストレステスト ……………………… 80
　章末問題 ……………………………………………………………… 81

4.　**リスク計測モデルのデータ処理法** …………………………………… 83
　4.1　リスクファクターの選択 ……………………………………… 83
　　　4.1.1　リスクファクター選択の重要性 ………………………… 83
　　　4.1.2　リスクファクターの種類 ………………………………… 84
　　BOX-8　「ヘッジ資産のマッピング」…………………………………… 86
　4.2　データの観測期間とウエイト ………………………………… 86
　　　4.2.1　観測期間の決定 …………………………………………… 86
　　　4.2.2　観測データに対する重みづけ（ウエイティング）……… 88
　　　4.2.3　ヒストリカル法のデータ・ウエイティング …………… 90
　4.3　保有期間の変換 ………………………………………………… 91
　　　4.3.1　Box-Car 法 ………………………………………………… 91
　　　4.3.2　Moving-Window 法 ……………………………………… 92
　　　4.3.3　ルート t 倍法 …………………………………………… 93
　　BOX-9　「Box-Car 法とヒストリカル法の組合せ」………………… 96
　4.4　欠損データの処理とデータ取得タイミング ………………… 97

4.4.1	欠損データの処理	97
4.4.2	データ取得のタイミング	99
章末問題		100

5 資産別のリスク計測モデル … 102

5.1 金利リスクの計量化 … 102
- 5.1.1 金利のリスクファクター … 102
- 5.1.2 リスクファクターの推定と補間 … 105
- 5.1.3 イールドカーブの変動モデル … 108
- 5.1.4 リスクファクターへのマッピング … 109
- 5.1.5 リスク量の算出 … 112
- **BOX-10** 「金利リスクの2つのボラティリティ」 … 113

5.2 オプションリスクの計量化 … 114
- 5.2.1 オプションの価値（プレミアム） … 114
- 5.2.2 オプションのリスク計量化方法のバリエーション … 116
- 5.2.3 オプション価格を決める要因とオプションのリスク … 118
- 5.2.4 デルタ法を用いたVaRの計測の基本的な考え方 … 123
- 5.2.5 デルタ法によるオプションリスク計測の実例 … 123
- 5.2.6 ガンマを組み込んだ場合 … 125
- 5.2.7 原資産のボラティリティの算出方法 … 126
- 5.2.8 オプションポートフォリオのマッピング … 127

5.3 株式のリスク … 128
章末問題 … 130

6. モデルの評価の規準と方法 … 132

6.1 モデル評価の規準 … 132
- 6.1.1 モデルの評価指標 … 132
- 6.1.2 超過回数による検証指標：z_1 … 133
- 6.1.3 確率プロットを利用した収益率分布の検証指標：z_2 … 135
- 6.1.4 VaRの大きさを比較する指標：z_3 … 137
- **BOX-11** 「z_2指標とジニ係数」 … 138

目次

6.2 バックテストの設計 …………………………………… 139
  6.2.1 モデル評価の実験条件 ………………………… 139
  6.2.2 評価指標の計算方法 …………………………… 140
6.3 バックテストの結果とモデルの優劣 ………………… 142
  6.3.1 保有期間を1日とした場合のモデルの優劣 …… 142
  6.3.2 保有期間の処理法を含めた結果 ……………… 144
  6.3.3 モデル評価のまとめ …………………………… 146
6.4 補　論 …………………………………………………… 147
  6.4.1 リスクファクターの計算方法 ………………… 147
  6.4.2 試算ごとの収益率の定義 ……………………… 149
  6.4.3 比較対象の整理 ………………………………… 151
章末問題 ……………………………………………………… 152

A. 章末問題の略解 ………………………………………… 153

参考文献 …………………………………………………… 158

索　引 ……………………………………………………… 161

1

リスク計測の背景

　1950年代に市場リスクの概念が提案されて以来，その計量化方法は多くの変遷を経ている．本章1.1節では，市場リスクの計量化モデルが，どのようなニーズにより改良されてきたのか，どのような技術的発展を経てきたのかを概観する．特に現在リスクのメジャーとして最も利用されているVaR（Value at Risk）について，BIS規制との関係を通して解説する．さらに1.2節では，リスクの種類とその定義，本書で取り扱うリスクの範囲について紹介する．

1.1　マーケットリスク管理の変遷とVaRの起源

1.1.1　リスク管理モデルRiskMetricsの誕生

　1970年代後半から1980年代にかけて，アメリカの主要金融機関は，全社的なリスク管理システムとその体制を構築することが要求されていた．それに対応するために，リスク計量化モデルをそれぞれの金融機関が独自に開発することになった．さらに，自社のリスク管理モデルをもとに，顧客のリスク管理に関するコンサルティング業務を事業化する．これは，リスク管理システムを独自に開発できない金融機関・企業に対して，積極的に管理方法の提案を行うものであった．このような他社向けのリスク管理システムで最も有名なものは，JPモルガン社の**RiskMetrics**である．

　このRiskMetricsの起源は，JPモルガンのCOE（最高経営責任者）であったD. Weatherstornが自社の資産運用状況を知るために，管理部門のスタッフにその日の運用結果を取引終了後の毎日16時15分に1ページ分のレポートとしてまとめるよう指示したことによる．このレポートには，今後24時間に自社のポートフォリオが受けるリスクを計量化したものが書かれており，彼はそのチェ

ックを毎日行うことを望んだ（Dewd（1998））．

　このCOEの要望に応えるため，JPモルガンのスタッフはこのレポート用の全社的なリスク管理システムを開発せざるを得なかった．さらに，リスクをはかる尺度の提案を行わなければならなかった．このとき提案された尺度がVaRと最大損失の概念である．

　この初期のモデルは通常のポートフォリオ理論に基づいたものであり，翌日の収益率の標準偏差を求めるために，分散共分散行列を用いた計算をしている．また，そのインプットデータを得るために，彼らはマーケットのデータベースや統計処理のプログラムを開発した．

　他の金融機関や金融向けソフトウエアの開発会社においても，リスクを把握するシステムの開発が行われていた．特にVaRを算出するソフトウエアの開発については，業界標準を獲得するため，激しい開発・販売競争があった．初期に開発されたこれらのシステムでは，理論的な部分についてはJPモルガンと同様，分散共分散行列を用いるという共通点がある．しかし，これらの複数のシステムを用いて実際にVaRを計算してみると，計算結果に大きな差異があり，使用者にとってはどの結果を信じてよいかわからないという問題が生じていた．計算結果が異なる原因は，使用した理論や計算過程ではなく，その多くはデータの扱いの違いによるものであることが後に判明する．つまり，データ源として何を採用したか（例えばTOPIXと日経225の選択のような問題），またどのくらいさかのぼってデータを採取するのか（観測期間），終値を使うのか期中平均を用いるのかといった問題，などである．

　多くの問題を抱えたリスク計測システムは，時代とともに改良されていった．特に重要な改良は，伝統的なポートフォリオ理論（**分散共分散法**）以外のアプローチの登場である．まず，**ヒストリカル法**と呼ばれる，過去のデータをできるだけ加工しない状態で用いる方法が提案された．ヒストリカル法は計算負荷が少なく，かつ精度もいいことから，高い評価を得ている．しかし，アプローチや理論があまりにも単純なため，直観的に信頼されないことが多い．それに対して**モンテカルロ法**と呼ばれる計算方法が開発された．このモンテカルロ法は，随所に統計的理論を駆使することが一般的であり，技術者には魅力的に感じられている．また一般にその精度は分散共分散法やヒストリカル法より高いとされているが，計算負荷は桁違いに大きく，またオペレーションも複雑であり，分析者の負担が

大きいことが問題である．

このような混乱した状況の中で，JPモルガンはライバルたちに打ち勝つため，1994年にRiskMetricsの計算過程と使用データをインターネットに無料で公開するという手段をとった．それ以前にもRiskMetricsは高い評価を得ていたため，JPモルガンと対立関係にないソフトウエア会社は，そのシステムの一部にRiskMetricsのシステムを採用するか，データ互換性のあるソフトウエアを開発した．また，多くの機関がRiskMetricsとのかかわり合いを持とうとしたため，このシステムに関する議論も活発になった．議論の内容を参考にし，RiskMetricsのシステムもバージョンアップされ，そのたびに改良がなされている．この結果，RiskMetricsの仕様は，リスク計量化に関する事実上の業界標準となった感がある．

このシステムは今もインターネットでの公開を続けている．そのシステム仕様書はリスク計量化を学ぶものにとって大変参考となることが多いので，関心ある方はぜひのぞいていただきたい（http://www.riskmetrics.com/rm/datasets/index.cgi）．

1.1.2　VaRモデルの普及と展望

アメリカにおいてVaRの概念は急激に普及する．証券会社や投資銀行はもちろん，一般の商業銀行や年金基金，保険会社においても，VaRはリスク管理の中心的役割を担うことになった．以下はVaRの重要な普及を伝えるLinsmeier and Pearson（1996）の研究報告の一部である．

「VaRは派生証券のディーラーにとって，グローバルマーケットのリスクを測ったり，管理したりするときの最も重要な道具となった．1994年のGroup of Thirtyのグローバルデリバティブに関する調査報告によると，43%のディーラーがVaRをもとにレポートを作成しており，37%が1995年の末までにVaRを用いる計画があると回答している．1995年のWharton CIBC Wood Gundy Surveyが行った，米国の派生商品を保有している非金融機関に対する調査では，回答者のうち29%が派生証券のリスクを評価するのにVaRを用いていた．」

「1995年のInstitution Investorによる調査では，32%の機関がVaRをマーケットリスクの評価基準として採用しており，ニューヨーク大学による調

査では 60% の年金基金が VaR に基づいたレポートを作成していた.」
この VaR の浸透は現在まで続いている. 特に 90 年代後半になってその役割は加速度的に増加したように思われる. その原因には以下の 4 つがあげられよう.

① デリバティブなどのリスク要因が重要になってきたこと. デリバティブに代表される複雑なリスクは, 従来のポートフォリオ理論や ALM 手法（後述）にはなじまない.
② 金融市場の変動による金融機関の危機的状況が顕著になったこと. 特に日本企業においては, バブル崩壊後の金融危機や不正取引による損害などの事件があり, リスク管理に対する関心が増大した.
③ 金融当局や BIS（後述）など公的セクターが, リスク管理態勢をチェックするようになり, その規準として VaR を採用した.
④ VaR を計算するために必要なシステム投資が安価になってきたこと. また, それに伴い VaR の計算方法も高度化し, より正確なリスク管理が可能になったこと.

さらに現在に至っても VaR の計算方法は改良され続けている. VaR の改良にはいろいろな方向があり, マイナーチェンジも含め, 多くの計算方法のバリエーションが生まれた. その中で最近の VaR モデル改良の最も重要なテーマはリスクの統合である. 従来, VaR の対象となっていたのは, 金利, 株式, 為替など市場性のリスクであった. しかし, 金融機関やその他の事業会社の真のリスクは, 貸し倒れなどの信用リスクを含めたものである. そのため, 信用リスクと市場性リスクの統合評価を VaR で行う試みがなされている. さらに, キャッシュフローの一時的不足を対象とした, 流動性リスクを統合しようとする試みもある. このように, VaR は従来のリスク計量化法と比較して柔軟性があるため, 多くの複雑な要因を組み込むことが可能であり, これからもより広範囲のリスクを統合したモデルの開発が続くと思われる.

1.1.3 自己資本規制と VaR の展開

リスク管理モデルの発展を制度面からみてみよう. 現在, 日本の主要金融機関は経営破綻を避けるため, 何らかのかたちでリスクに対応するよう規制もしくは指導を受けている. その中でも大手銀行に対する規制・指導は, 経営破綻が及ぼす影響の大きさから, 最も厳しく, 最も明確な規制・指導を受けている. 特に,

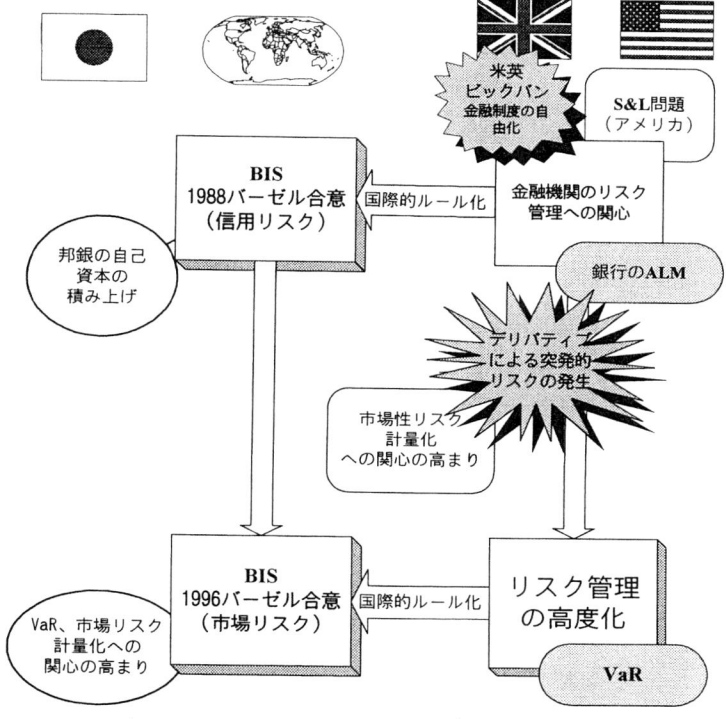

図 1.1　自己資本規制の変遷と VaR

1990年代になって，国際的な規準による規制が重要視されるようになった．銀行の国際的自己資本規制——いわゆる **BIS 規制**である．

BIS (Bank of International Settlement；**国際決済銀行**) は，もともと欧州の国家間の通貨取引を円滑に行うため，1930年に設けられた国際的基金である．しかし，1960年代までは通貨取引に関する諸条件は2国間で論議されることが多く，BIS は各国の通貨当局者のサロン的役割を果たしているにすぎなかった．

それが1974年，西ドイツのヘルシュタット銀行の経営破綻を契機に，一気に銀行監督の国際的議論の場となった．同時期，アメリカとイギリスでも銀行の自己資本規制に関する議論が行われており，1987年に両国の共同提案が行われている．

その後，BIS の議論と米英の結論から，先進10カ国による合意「自己資本の

測定と規準に関する国際的統一化」が成立する．これが一般にいわれる BIS 規制の誕生である（図 1.1）．この経緯と各国の対応については『BIS 規制と外国銀行の経営分析』（日本証券経済研究所（1993））に詳しい．

この時期の BIS 規制は，おもに信用リスク（貸し倒れのリスク）を対象にしており，本書が取り扱う市場リスクは考慮されていなかった．それが，1990 年代になって，デリバティブなどの市場性リスクによる経営破綻が現実のものとなり，銀行が保有している市場性リスクについても規制の対象とすべきであるという意見が起こってきた．そこで，BIS では 1990 年頃から，市場性リスクに対する規制のあり方について議論されるようになった．この流れは，さきに述べた民間銀行におけるリスク管理システムの開発と期を一にしている．

BIS の市場リスクに対する規制ルールに関する合意は，1996 年に成立する．そしてその規制は 1998 年より施行された．

VaR はこの 1996 年に合意された BIS 規制の中で，中心的役割を演じている（図 1.2）．もし，民間銀行がこの BIS 規制の適用を受けたとすると，VaR を用いたリスク管理システムを社内に導入せざるを得ないこととなっている．正確にいえば，VaR を用いない方法が選択肢として残されてはいるのだが，VaR を用

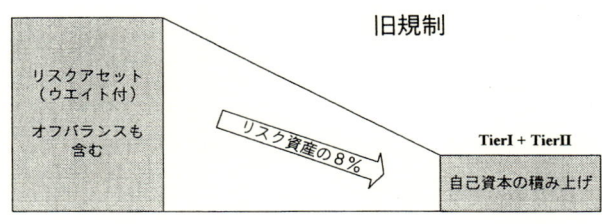

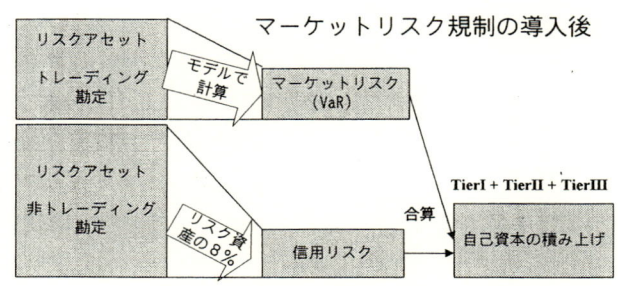

図 1.2　BIS のマーケットリスク規制

いる場合に比較して銀行にとって著しく不利な扱いを受けることになる．そのため，それまでVaRによるリスク管理を行っていない銀行も，VaRを用いた統合的リスク管理モデルを作成する必要にせまられる．現在，BIS規制の対象となる邦銀は，すべてVaRを用いたリスク管理モデルの導入を行っている．

1.1.4 リスク管理モデルの技術的発展

実務サイドからみたリスク管理モデル周辺の歴史について解説したが，ここで技術面におけるリスク管理モデルの変遷を簡単に説明しよう（図1.3，表1.1）．

金融や投資の分野で，初めてリスクの概念を明確に定義したものは，有名なMarkowitzのPortfolio Selection (1959) であろう．いわゆるポートフォリオ理論である．現在用いられているリスク計量化方法の1つである**デルタ法**（分散共分散法）は，基本的にはこのポートフォリオ理論のバリエーションである．

ポートフォリオ理論が投資家の資産にのみ焦点を当てていたのに対して，負の資産すなわち負債を含めたリスク管理をめざしたのが**ALM**（Asset Liability

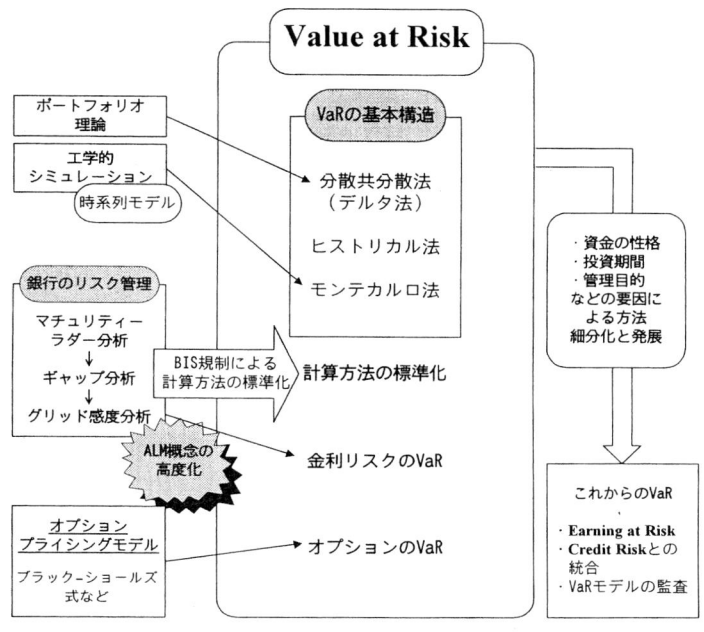

図1.3 リスク管理モデルの技術的発展

Management）である．数学的には，負債をマイナスの資産とすることと，最適化の制約条件が違うだけで，基本的にはポートフォリオ理論の枠組みを踏襲している．

金融機関のうち，銀行は金利変動から受けるリスクが大きかったため，金利リスクに注目したALMが発達する．金利リスクは特にその期間構造をどう処理するかが技術上重要であり，より現実に近づくように改良が重ねられた．具体的には，**マチュリティーラダー分析，ギャップ分析，グリッド分析**といった段階を経て，現在に至っている．5.1節で説明する金利リスクの計量化方法は，このALM分析が発達したものである．

また，このような金融技術の発展は，工学や統計学から多くの技術移転があって初めて可能になった．その代表的なものは**モンテカルロ・シミュレーション**をはじめとする，シミュレーション技術であろう．**OR**（オペレーションズリサーチ）の一分野であるシミュレーションは，もともと軍事的な目的で利用されていたものであるが，コンピュータの普及とともに工学実験などに用いられるように

表1.1 リスク計測をめぐるできごと

年次	できごと
★1930年	BIS (Bank for International Settlement) の成立
○1944年	The theory of game and economic behavior；ノイマン，モルゲンシュタイン，リスクに対する行動分析の基礎となる効用関数の概念を確立
○1952年	Portfolio Selection；マーコビッツ，分散共分散法を利用したリスク最小化とポートフォリオ決定の理論
○1973年	ブラック-ショールズ式の開発
×1974年	ヘルシュタット銀行の経営破綻
★1975年	BIS内にバーゼル銀行監督委員会が成立．これ以降BISが各国銀行監督当局の国際的な議論の場となる．
○1970年代後半	シミュレーション技術によるリスク分析
★1988年	G10，銀行の自己資本規制に関する合意成立（1次BIS規制）
★1990年末	BIS規制開始　自己資本比率の下限を7.75%
★1991年	米国連邦預金保険公社改善法（Federal Deposit Insurance Corporation Improvement Act, FDICIA）の成立．公的機関による金融機関の健全性規制の強化と金融機関救済の制限強化．
×1991年より	日本におけるVaRの普及
★1992年末	BIS規制　自己資本比率の下限を8%
×1994年4月	JPモルガン，RiskMetricsのシステムとデータソースをインターネットにて公開する．
★1996年	BISにおいて，市場リスクに関する銀行自己資本規制の発表（改訂バーゼル合意，BIS2次規制）
★1998年1月	BIS2次規制の実施

★：自己資本規制関係，　○：技術的な発展，　×：実務的なできごと

なった．これが金融の分野に応用されるようになったのは1970年代以降である．当初はヒストリカルデータから重複抽出を行う，現在のブートストラップ法に似たシミュレーションを行っていた（例えばIbbotson and Sinquefield (1976)）．現在は，統計学的な時系列モデルを利用したシミュレーションが主流であり，リスク計量化の主要な方法としてよく用いられている．

また，**ブラック-ショールズモデル**などのオプション評価モデルは，もともとリスク計量化やリスク管理のために考案されたものではないが，実務的な利用段

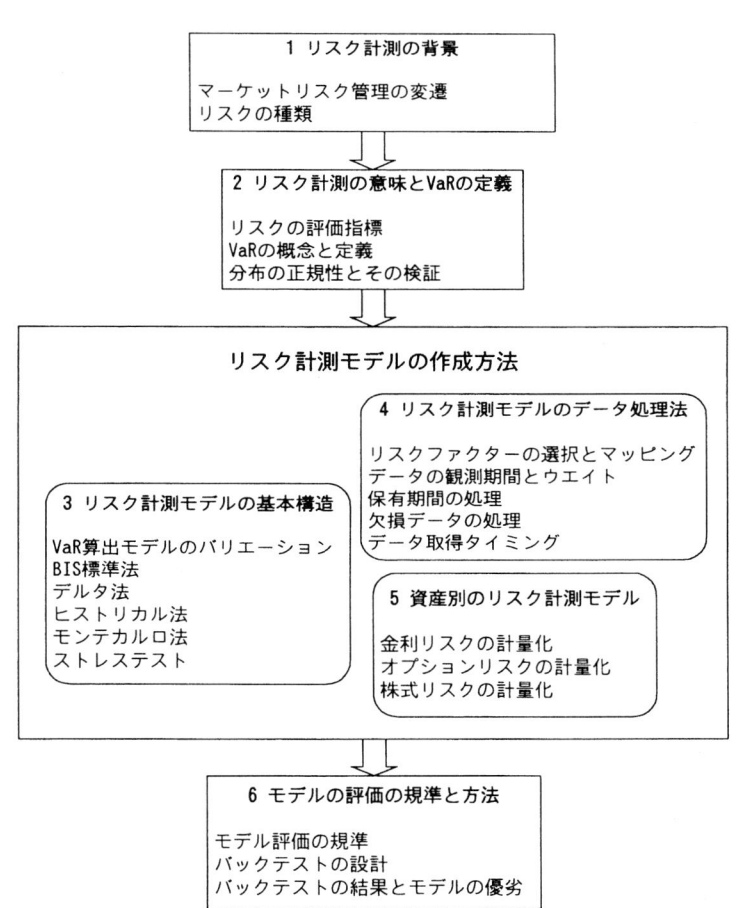

図1.4　本書の構成

階においてはよく似たテクニックを用いる．そのため，オプション評価モデルがリスク計量化に与えた影響は大きかった．特に，オプション評価モデルでは原資産のボラティリティを計測する必要があるため，分散の値が変化する時系列モデルを用いた分析が重要視されている．この可変分散の時系列モデルはVaRの計測方法の1つであり，モンテカルロ法に対して大いに役立つテクニックである．

　これらの技術を移入して，現在リスク計測モデルはある程度完成されたものになっている．しかし今なお，リスク計測の精度の向上をめざし，モデルチェンジが日々行われている．また，分析目的もVaRをはじめとする単純なリスク計量化から，経営判断により使いやすいアウトプットを得るモデルへと工夫されつつある．おそらく，近年の金融技術の発展速度から考えると，10年後には今とは全く違ったアプローチが主流になっていると，筆者は考える．

　最後に，本書の構成を紹介しておく．まず第1章の後半ではリスクの種類について解説し，本書が取り扱うリスクの範囲を述べる．第2章でリスク評価指標やVaRの定義について解説する．第3章から第5章がモデリングに関する部分で，まず第3章に基本構造のバリエーションを，第4章に実際にデータを扱うとき発生する問題点と解決策を，第5章に資産別の固有のアプローチを金利，オプション，株式について紹介する．最後に第6章では，作成されたモデルの評価方法とモデルの優劣について解説する．

BOX-1　マチュリティーラダー分析とギャップ分析

　銀行におけるVaR以前のリスク計量化法の代表である，マチュリティーラダー分析とギャップ分析について解説する．

a.　マチュリティーラダー分析

　現在保有している資産・負債がいかなる期日で満期を迎えるかを集計し，表やグラフにより表現する分析方法である．一般的に金利改定リスク（1.2節参照）に対するリスク管理に対して有効である．この分析は，銀行業における最も基本的なALM手法のうちの1つであった．しかし，マチュリティーラダー分析のみでは，リスク状況の感覚的な把握にとどまり，経営の意思決定に直接影響を与える情報とはなり得ず，参考資料的な扱いを受ける．そのため，現在この方法は「データベースの一部として

活用されている」(大久保豊 (1997)) にすぎない．

　b．**ギャップ分析・感度分析**

　マチュリティーラダー分析のデータを，1ヶ月後～2ヶ月後，1年後～1年半後などというように，期間を区切って集計すると，各期間における資産負債の満期額のギャップが把握できる．これをギャップ分析という．

　こうして得られたギャップを，個別の資金特性から，短プラ連動，市場金利連動，政策投資，などの変動要因別に分類すると，各要因が変動した場合のバランスシートの変化を把握することができる．一般的に金利が1ベーシス変化したときの収益の変化（感度）を計算することから，この方法を**感度分析**と呼ぶ．

　当初，要因別に分類する方法や，要因と個別の契約との関係が正確に表現されなかったため，この感度分析は正確なリスク量を把握することができなかった．この問題はデュレーションの概念が導入されるまで，解決されなかった．

1.2 リスクの種類

1.2.1 リスクの分類

　本書の目的は，銀行や企業などの投資主体が持っているリスクを計量化し，その主体が経営判断を合理的に行うことを助けることにある．しかし，本書では経営リスクのすべてを対象とするのではない．計量的に把握できる部分，特にマーケットデータなどの公開情報に基づいて計量化できるリスクを取り扱う．具体的には金利，為替，株，オプション等の，マーケットで取引されている金融資産に起因するリスクに限る，ということである．

　本節では，次章以降で行うリスクの計量化の準備として，経営判断に用いられるリスクを分類し，本書において扱われるリスクの内容をより明確にする．

　図1.5にリスクの分類を示した．もともとリスクという言葉が様々な意味で用いられ定義があいまいであるため，その分類にもいろいろな切り口がある．ここでの分類はそのリスクの発生原因によっていると思っていただきたい．なお，この図は湯野 (1996)，木島 (1998)，Lhoratos (1998) を参考にし，作成した．

　金融資産を保有することによって起こるリスクはこの図のように**信用リスク**，**市場リスク**，**オペレーションリスク**，**法的リスク**に分類される．以下に，それぞれの内容と性質について，簡単に解説する．

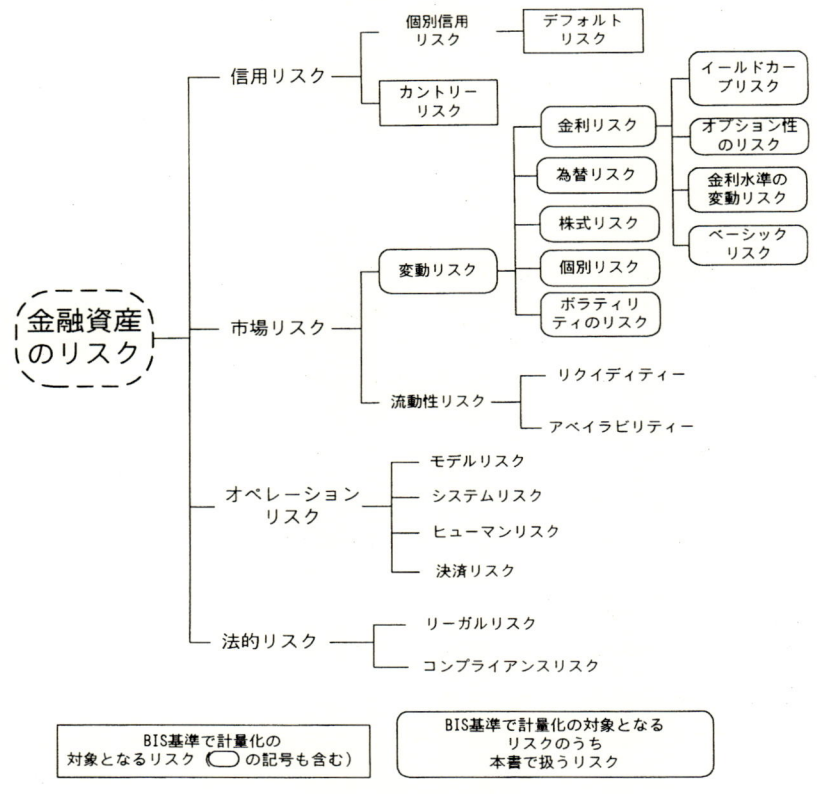

図1.5 リスクの分類

1.2.2 信用リスク

信用リスクとは，国債，社債などの債券や，貸付け，ローンなどの債権が，債務者の都合により**デフォルト**（債務不履行）となるリスクである．この信用リスクの本質は，債務者ごとのデフォルト確率を示す**個別信用リスク**である．しかし，各債務者ごとの信用リスクを計測するのは煩雑であるため，もう少しマクロにリスクを計測したいというニーズが発生する．そこで，債務者をあるカテゴリーに集約し，そのカテゴリーのリスクを評価するか，もしくは財務データなどからリスクに関する要因（**リスクファクター**）を抽出して，その要因に対して分析を行う，という方法がとられる．このうち，カテゴリーに集約する方法で最も一般に知られているものは，国単位のカテゴリーに集約した，**カントリーリスク**で

あろう．カントリーリスクについては，公的研究所や民間評価機関などによって評価値が公表されているため情報を入手しやすく，またリスクファクターとしての説得力がある．ただし，分析対象を国債などにまで広げると，カントリーリスクは国債の個別リスクを表すとも考えられるし，さらにカテゴリーではなくリスクの要因とも考えられる．つまり，図1.5では個別リスクとカントリーリスクに分類したが，必ずしも明確に分離できるわけではないので注意していただきたい．

1.2.3 市場リスク

市場リスクは，市場価格の変動によって起因する**変動リスク**と，市場における売却に何らかの障害があることによって起こる**流動性リスク**に分類される．このうち変動リスクは，商品別の分類，変動の原因別の分類，期間の単位による分類（日次リスク，月次リスク，年次リスク）など，いろいろな分類方法がある．図1.5には，変動の原因別の分類を示した．この中で，株式や為替はそれそのものが金融商品であるため，商品別の分類のカテゴリーでもある．なお，ボラティリティは本来市場リスクそのものであるが，オプション性の商品においては，リスクのファクターでもある．

これら市場性リスクのうち，金利リスクについては銀行の財務状況に最も影響を与えるため，BISをはじめ多くの機関において明確に定義されている．この金利リスクについてさらに細分化して解説しよう．

1.2.4 金利リスク

a．金利水準の変動リスク

金利水準全体が変動することによって生じるリスクである．債券などの金利性商品を保有しているとき，金利の変動に伴いポートフォリオの現在価値（マーケット価格）が変化する．銀行業などではこのリスクの比重が大きいため，調達と貸出しの金利をマッチングすることによりできるだけリスクを小さくするような戦略がとられる．しかし，一般的に市場の金利が変動をすぐに貸出し金利に反映することができず，ミスマッチが生じることが多い．このミスマッチによるリスクを特に**金利改定リスク**といい，金利水準の変動リスクの一例である．

b．イールドカーブリスク

債券ポートフォリオの残存期間に対するミスマッチは，金融機関をイールドカ

ーブの形状および傾きの変化にさらす可能性がある．例えば5年物国債のロングポジションを1年物国債のショートポジションでヘッジしている場合，このポジションはカーブの平行移動に対してはヘッジされているが，傾きが急になれば損失が発生してしまう．また，イールドカーブの曲率が変化することによって起こるリスクを**コンベクシティリスク**と呼び，イールドカーブリスクに含められる．

c．ベーシックリスク

残存期間が同一であっても，債券の発行体の信用力や，取引条件などによって金利水準は異なり，また違った動きをする．そのため，タームが完全にマッチングしていても，貸出し側と調達側での金利が違ってきた場合，リスクが発生する．例えば，貸出しの金利条件を **TB**（割引短期国際）金利で行い，調達金利を **LIBOR**（ロンドンインターバンクレート）で行っているとき，TBとLIBORが異なる動きをすれば，損失が発生する可能性が生まれる．

1998年8月のアメリカのヘッジファンド大手LTCMの破綻は，このリスクのために起こった．当時LTCMは低利の信用力の高い債券を売り，高利の信用力の低い債券を買うという，裁定戦略をとっていた．過去のデータに基づけばこの戦略は成功するはずであった．しかし，ロシア危機が原因で信用力に対するリスクプレミアムがさらに広がったため，LTCMは巨大な損失を被ったのである．

d．オプション性のリスク

金利に関する市場性リスクの中で，オプション性のリスクの重要性が高まってきた．オプション性のリスクは，明確なオプション性の金融商品だけではなく，通常の貸出し借入れの一部からも発生する．例えば借入れ側に繰り上げ返済の権利がある貸出しや，いつでも相手が返済要求できる借入れ（銀行にとっての預金の一部など）があげられる．つまり，このオプション性のリスクというのは，相手が何らかの権利を行使するリスクということができる．

1.2.5　流動性のリスク

金融市場において，本来選択可能な取引が何らかの障害で実行できなくなることがある．特に，現在所有している資産を市場で売却（現金化），解約（手じまい）することが不可能な場合,「流動性がない」という．流動性の欠如は金融会社の突発的な破綻の原因につながるため，重要なリスク要因とみなされている．

流動性リスクは一般的には**リクイディティ**をさす．これは，ある金融資産を売

却したいとき，市場において買い手が見つからず，取引ができないリスクをいう．また，売却量に比較して，市場の取引高が小さい場合，自分の売り注文が市場価格を下げるという現象が起きる．このような，売買は成立しているけれども現在の市場価格で売れない場合についても，広義の意味ではリクイディティのリスクに含める．

リクイディティが市場側の理由による流動性の欠如に起因しているのに対し，**アベイラビリティ**は投資家側に起因したリスクである．例えば，含み損があるスワップを解約する場合，含み損の分だけ手元資金がなければ解約できない．このとき何らかの理由で資金調達が困難であれば，投資家によってはこのスワップを解約できなくて流動性が保てない．つまり，取引の選択肢に制約ができるという意味で，流動性リスクの一部とみなされている．ただし，あくまでもアベイラビリティは原因が投資家側にあるため，市場性リスクには含まれないと解釈するのが一般的である（そういう意味では図 1.5 の表現は正確ではないが，煩雑さをさけるためあえて市場性リスクの枝として表現した）．

1.2.6 オペレーションリスク

信用リスクや市場リスクは，各金融資産の性質から必然的に生じるものである．言い換えれば，そのリスクがあるがゆえに，**リスクプレミアム**を投資家が収益として得ることができる．さらにいえば，そのリスクが存在すること自体が投資家がその金融資産を所有する動機になっているともいえる．それに対して，オペレーションリスクとは，投資家の「ミス」によって生じるリスクである．そのため，このリスクに対してリスクプレミアムは得られない．リスクが多ければ損をする可能性が増えるだけである．それゆえ，オペレーションリスクを減らす工夫が行われているが，完全になくすことは不可能である．そのため，このリスクについて事前に把握し，対応策を検討しておく必要がある．

オペレーションリスクには，**モデルリスク**，**システムリスク**，**ヒューマンリスク**，**決済リスク**などがある．

a．モデルリスク

信用リスクや市場リスクを管理するとき現在では統計的なモデルを用いることが一般的であるが，現実の現象をモデル化するとき，モデルの中に反映できない要因が誤差として残る．このモデルの誤差をモデルリスクといい，現象が複雑で

あればあるほど，またデータが少なければ少ないほど深刻になるリスクである．一般的にモデルの誤差は，モデルを複雑にすれば減少するが，その分モデルのパラメータが不安定になる．そのため，モデルの中に入れる変数を極端に多くしたり，関数型を複雑にしても，必ずしもモデルリスクが減るわけではない．簡単なモデルであれば **AIC**（赤池情報量規準）などの統計量を参考に，最適なモデルサイズを決めることができる．また，モデルを構築したときの，不適切な仮定やデータ量の不足など，分析上の問題点もモデルリスクに含める．不適切なモデル化に伴うリスクの例として，以下のようなことがあげられる．

① 適切でない統計モデルを採用した．
② 収益率分布が正規分布ではないのに正規分布を仮定した．
③ 明らかな異常値を含んでいる．逆に通常値を異常値として除去した．
④ モデルの内生変数を求めるのにデータの量が十分でない．

b．システムリスク

モデルが完成していても，必ずしも的確にリスクが計算されるわけではない．特に，大規模なモデルでは，計算時に大量のデータが必要であり，その処理過程において多くのミスが発生する．例えば，プログラムミスや，必要なときにシステムがダウンしていて，オペレーションが行えないなどのトラブルもシステムリスクの代表的な例である．

c．ヒューマンリスク

人為的ミスやリスク管理体制の組織的な問題によって，発生するリスクである．データ入力のミスや，意思決定の遅れによる機会損失，管理者が善管注意義務を守らないことによるトラブルなどがあげられる．

1.2.7 法 的 リ ス ク

法的リスクのうち**リーガルリスク**といわれるものは，金融取引が合法的でない場合に発生するリスクである．例えば，スワップ取引の契約書に不備があったため，実際の権利行使が行えないなどがこの例である．

一方**コンプライアンスリスク**は，契約そのものは合法であるが，その契約に至る過程で何らかの法的な不都合がある場合のリスクである．例えば，スワップディーラーが一般の投資家に対して契約内容の説明をおろそかにしていたり，違法な情報操作を行って，法的ペナルティを課せられるケースがこれにあたる．

しかし，法的リスクは計量化が難しいだけでなく，その存在を前提とすること自体が問題であるため，通常のリスク分析では，このようなリスクは存在しないものとして行うのが通例である．

以上のように金融機関がさらされているリスクには多くの種類があるが，本書ではこのうち市場リスクを中心に解説する．

BOX-2　リスクと不確実性の違い

Von Neumannの「ゲームの理論」以来，将来が不確定な状態における戦略作成の研究が進んでいる．このような問題を意思決定理論，もしくは効用理論と呼び，金融経済の分野をはじめとして，経営論，マーケティング論，都市計画などの分野で応用されている．これらの各分野の文献には，将来の不確定な状態のことを「**不確実性**（uncertainty）」といったり，「**リスク**（risk）」と表現したりしている．この2つの言葉の定義は，各分野において微妙に差異はあるが，おおよそ次のとおりである．

「リスク」は，将来の不確定な現象について，数量的に把握できている場合をいう．例えば，不確定要素の変数の確率分布が把握できているか，把握できていないまでも正規性などの仮定をおくことによって，数量的に表現できているような問題である．金融関係の問題の場合，多くは将来の収益率などの不確定要素に対して，何らかの確率分布か，ラティスなどの確率樹を与えるのが一般的である．そのため，この分野は「リスク」という言葉が通常使われている．

これに対して「不確実性」は，不確定要素の確率変数が定義できなかったり，その確率分布が不明であったりした場合に使われる表現である．現実社会における諸問題は，その将来像が何らかの確率分布で表現することなど，不可能と考える方が妥当である．そのため，実際の問題は「不確実性」が存在しているといった方がよい場合が多く，金融の諸問題も「不確実性」であって，「リスク」ではないことも多い．しかし，一般の問題においては，過去データの分析などを通じて，「不確実性」なるものを「リスク」として取り扱う方法がとられる．

ただし，文献によってはこの「不確実性」と「リスク」の定義があいまいであったり，またその違いに言及することが重要でなかったりして，必ずしもこの定義が当てはまらない場合があることもつけ加えておく．

2

リスク計測の意味と VaR の定義

　リスク計測に用いられる評価指標は，リスク感応度，ボラティリティ，下方リスクの3種類に分類される．本章2.1節では，まず3つのリスク指標について，定義，算出方法，長所短所について説明する．2.2節では，このうち下方リスクの代表的指標である VaR に注目し，その概念と算出方法についてくわしく解説する．2.3節では，将来の収益率の確率分布とリスクの関係，特に確率分布が正規分布を前提とすることについての是非とその影響について論じる．

2.1　リスクの評価指標

　近年，市場リスクの管理は数量的に示された指標をもとに行われている．これまでに，リスクを数量的に示すためのメジャー（評価指標）として，多くの指標が提案されてきた．それらを，リスクの評価単位の視点から分類すると，おおよそ以下の3つのグループに分類できる．

① **リスク感応度（エクスポージャー）**：　規準となる経済指標や市場指標（市場金利，為替レート，株価指数など）が1単位変動すると，ポートフォリオの収益がどのくらい変動するかを示した値．

② **ボラティリティ**：　将来の収益率分布の標準偏差もしくは分散．

③ **下方リスク（ダウンサイドリスク）**：　将来の収益率分布の下方部分にだけ注目し，最悪どのくらいの損失がでるかを示した値．実際には，最悪の定義を確率で与え，「1%の確率で起こる最大損失額」といった量で示される．VaR は，典型的な下方リスク指標である．

2.1.1 リスク感応度

リスク感応度は,「市場指標の変動が,どの程度のポートフォリオの変動をもたらすか」という指標である.リスク計測の分野ではエクスポージャーといわれることもある(図 2.1).

ある市場指標とポートフォリオ価値との間に,線形の関係が想定されたとする.その場合リスク感応度は以下のように与えられる(Δ は各変数の変化量(差分)を示す).

$$E = \frac{\Delta P}{\Delta x} \quad (2.1)$$

E:リスク感応度
P:ポートフォリオの価値
x:市場指標

市場指標 x には,様々なものが用いられる.その指標によって,リスク感応度の性質が変わり,ときには上記の式に変更が加えられる.例えば,x に金利を用いると,リスク感応度 E は**デュレーション**を表す.また,x が TOPIX などの株式インデックスの場合,リスク感応度 E は**シングルインデックスモデル**の β となる.オプション価格の変動を収益と考え,x を原資産の価格とすると,これはオプションのデルタを表している.ちなみにリスク計測の分野では,x をリスクファクターという.

また,計算式が異なる例として,金利リスクのコンベクシティや,オプションのガンマなどがある.これらは市場指標とポートフォリオの収益の間に,線形関係を仮定できないため,狭義のリスク感応度とはいえない.しかし,資産の性質や市場の状況によっては,非線形のリスクも無視し得ないことが多い.その場合リスク感応度の定義を変更し,非線形リスクも考慮できる指標を用いることが一般的である.オプションのガンマのリスク計量化ついては,5.2 節「オプションリスクの計量化」で解説する.

リスク感応度をデータから求めるときは,

$$\Delta P_t = E \Delta x_t + \varepsilon_t \quad (2.2)$$

とおき,線形単回帰分析により求める.ここで $\Delta P_t, \Delta x_t$ は t 期におけるそれぞれの変化量,ε_t は回帰分析の誤差項である.

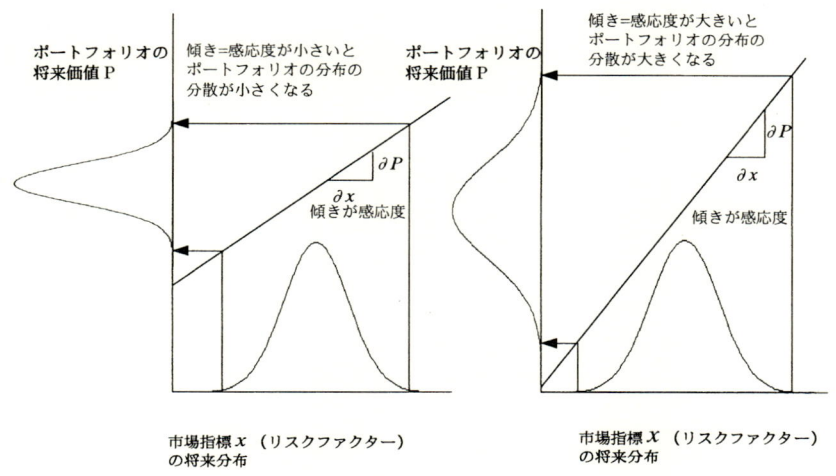

図 2.1 感応度（デルタ）とポートフォリオ分布の関係

2.1.2 ボラティリティ

ボラティリティは金融資産のリスクを計測するための最も一般的な指標である．証券価格やポートフォリオの価値など，将来の変動が不確実な場合，将来の値は確率分布で表現される．ボラティリティはこの分布の標準偏差である．

ボラティリティは過去のデータより簡単に計測することができる．なお，過去のデータより算出されたボラティリティを**ヒストリカル・ボラティリティ**と呼ぶ．ヒストリカル・ボラティリティは以下の式によって求められる．

$$\sigma = \sqrt{\sum_{t=1}^{T} \frac{(x_t - \bar{x})^2}{T-1}} \qquad (2.3)$$

x_t：データ（証券の価格，収益率，マーケットの指標など）
T：データの採取期間
$\bar{x}$：データの平均 $\sum_{t=1}^{T} \frac{x_t}{T}$

データの採取期間 T を**観測期間**といい，また t の長さを**投資ホライズン**または**保有期間**という．例えば日次収益率データを 30 日分集めて，上式に従ってボラ

ティリティを計算したとき，観測期間 T が 30 日，投資ホライズン（保有期間）は 1 日ということになる．保有期間の長さは分析しようとしている資産の性質や目的によって決まる．例えば，トレーディングなら 1 日，BIS 規制では 10 日，年金などの長期資金では 3 ヶ月〜5 年というように様々である．それに対して，観測期間の長さは求められる分析精度によって決まる．BIS 規制で求められる精度からいえば，データの数が最低 25〜75 個必要であるので，保有期間 10 日に対し，観測期間は 1〜3 年（250〜750 日）となっている．ただし，多くの場合必要と思われる観測期間を確保することが難しいため，様々な工夫がなされる．詳しくは 4.3 節「保有期間の処理」において説明する．

なお，ボラティリティの単位はデータ x_t の単位と同じである．つまり，データが収益率の場合ボラティリティの単位も収益率，データが何らかの価格の場合ボラティリティの単位も価格となる．

2.1.3 下方リスク

ボラティリティは将来の分布の広がり（＝標準偏差）を，リスクのメジャーとしている．しかし一般の投資家は，収益が高い方に偏ることに対してはリスクと感じていない．そこで，分布の低い方，つまり収益率の低い方や，将来の資産価格の低い方に偏る場合だけを対象にしたメジャーが下方リスクである．

下方リスクは 2 つの要素から構成される．1 つは将来の不確実性に対応した確率分布，もう 1 つは損失の**発生確率**である．この 2 つの要素が与えられたとき，

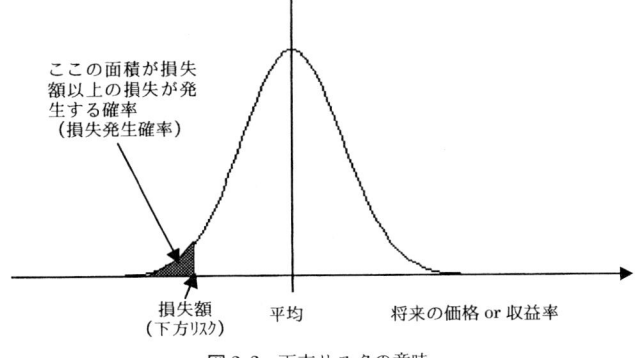

図 2.2 下方リスクの意味

損失確率に相当する損失額が計算される（図 2.2 参照）．下方リスクはこの損失額のことをいう．ただし，変動する変数が収益率のとき，言い換えれば図 2.2 の横軸が収益率を表すとき，下方リスクの単位は収益率となる．さらに，場合によっては損失額そのものではなく，平均値からの距離を下方リスクということもある．このように，ひとくちに下方リスクといっても必ずしも定義が明確でない．

VaR は，下方リスクの代表的な値である．上の表現に従えば，損失確率が与えられたときの損失額にあたる．実務的には損失確率を 1% か 5% とする例が多い．VaR の算出については本書の重要な目的の 1 つであるので，次節にて詳しく解説する．

BOX-3　2 種類のリターン（算術収益率と対数収益率）

金融分野でリターン（収益率）という言葉は，ごく初歩的な用語として紹介される．しかし，この言葉は一般に思われているほど単純ではない．

投資やリスク管理に関する分析を行うにあたって，収益率をどのように定義するかという問題に直面する．結論をいえば，収益率の定義には**算術収益率**と**対数収益率**という 2 種類がある．算術収益率は以下の式によって定義される．

$$R_t^A = \frac{P_t + D_t - P_{t-1}}{P_{t-1}}$$

ここで，P_t は t 時点でのポートフォリオの価格を，D_t は $t-1$ 時点から t までに発生する配当などのインカムゲインを表している．

算術収益率は，直観的に受け入れられやすいが，いくつかの欠点を持っている．例えば，資産価値が「倍になる」の正反対の現象は，感覚的にいえば「半分になる」であろう．しかし，この計算では，倍になるが +100% であり，その正反対の −100% は「価値がゼロになる」を表す．また，当初の資産価値が 100 万円で，1 期目の収益率が +50%，2 期目が −50% であったとき，2 期目の終りの資産価値はもとの 100 万円ではなく 75 万円となる．このことは，個々の期間の収益率を合算することで期間全体の収益率を表現することができないことを表しており，分析上不都合である（表 B.1 参照）．

以上の算術収益率の欠点を補うため考案されているのが対数収益率で，以下の式によって定義される．

2.2 VaRの概念と定義

$$R_t^G = \ln\left(\frac{P_t + D_t}{P_{t-1}}\right)$$

対数収益率は上記のような欠点を解決しているが，複数の収益率を資産額で加重平均できないなどの欠点を有している．そのためどちらの収益率を採用するかは，問題によって異なる．

表 B.1 算術収益率と対数収益率

	ポートフォリオの時価	各期の算術収益率	各期の対数収益率
現在	100 万	—	—
1 期後	150 万	+50%	+40.5%
2 期後	100 万	-33%	-40.5%

2.2 VaRの概念と定義

2.2.1 VaRの基本概念

これまでの文章の中でたびたび登場しているVaRについて，本節では厳密に紹介する．VaRリスクは，ひとことで表現すると

「ある一定の確率で起こりうる将来の損失額の最大値」

であり，より厳密に定義すると以下のようになる．

「今後，将来の特定の期間内（保有期間）に，ある一定の確率の範囲内（信頼水準）で，ポートフォリオの現在価値がどの程度まで損失を被るか（損失値の最大値）を，過去のある一定期間（観測期間）のデータをもとに，理論的に算出された値」

この値を算出するには，いくつかの方法があるが，例えば以下の式を用いる．

$$\text{VaR} = (信頼係数) \times \sqrt{(保有期間)} \times (ボラティリティ) \qquad (2.4)$$

以上，定義を説明したが，それぞれの用語の説明をしていないので，これではイメージがわきにくいだろう．そこで，まずこの式に用いられている，ボラティリティ，信頼係数，保有期間について解説することにより，VaRの理解を深めることにする．

2.2.2 VaRのボラティリティ

ボラティリティは，前節で説明したように将来の分布の標準偏差である．

リスク管理を行う場合を含め，一般に金融の世界では資産価格の変化率や収益率が，正規分布もしくは対数正規分布に従うと仮定されることが多い．正規分布の場合には平均と標準偏差の2つのパラメータによって分布の形状が決定される．このうち，分布のばらつきぐあいを示すのが標準偏差である．この標準偏差を「ボラティリティ」や「リスク」という．ただし，本書のようなリスク管理やリスク計測を目的とした分野では，「リスク」という言葉は，より広く抽象的な意味で用いられる．そのため，本書では資産価格や収益率の確率分布の標準偏差を表す言葉として，「ボラティリティ」を用いている．

では，このボラティリティはどのようにして計測したらよいだろうか．前節で説明したようにボラティリティを推計するためには，過去の一定期間のデータの標準偏差を計算することが一般的である．これらを特にヒストリカル・ボラティリティと呼ぶ（(2.3)式参照）．

しかし計算する際に，過去のどのくらいの期間のデータをもとに計算するのが適切なのかが問題になる（このデータの採取期間が観測期間である）．この実務的問題に対する明確な回答はない．過去3ヶ月程度のきわめて短期間のデータをもとに算出している場合もあれば，数十年という超長期のデータをもとにしている場合もある．おおよそは分析の目的やデータの質によって妥当な期間が決まることになるが，それも確立された理論に基づいてのことではない．多くは分析者の主観的判断によっているのが実状である．期間が短いと分析結果の信頼性が低下する．逆に長期間の場合は，最近のマーケット状況を的確に反映しない．そのため，その妥協の産物として，ウエイトづけという方法がとられることがある．これについては4.2節「データの観測期間とウエイト」で，詳しく解説する．

なお，リスク管理のためには，事前に予測されたボラティリティと事後的に実現するボラティリティが同じ値であることが望ましい．しかし，将来のボラティリティを正確に予測することはきわめて困難な問題であり，両者は一般的に一致しない．

2.2.3 保 有 期 間

保有期間は，投資ホライゾンとも呼ばれ，現状のポートフォリオを解消するのに必要な時間と定義されている．しかし，この定義も扱う問題によって様々であり，資産の組替えを行うためのインターバルであったり，運用結果を評価するた

めの最小期間であったりする．例えば，BIS 規制が銀行の投資リスクを評価するために設けた基準では，10 日となっている．

(2.4)式において保有期間の平方根を乗ずるということの意味は，データのサイクルに比較して，保有期間が長ければ長いほど，リスクが大きくなることを示している．例えばデータが日次の場合，保有期間が 1 日でなければその長さに応じた調整が必要である．それが保有期間の平方根倍になるというのは，データが時系列的に独立（系列相関がない）という仮定に基づいている．この仮定を用いた分析方法をルート t 倍法と呼ぶ．詳しくは 4.3 節「保有期間の変換」で解説する．

2.2.4　信頼水準と信頼係数

VaR の定義の文章を再確認願いたい．この定義の中の**信頼水準**という言葉と，(2.4)式の信頼係数という係数が，VaR を理解するための最も重要な要素である．図 2.3 を眺めてみよう．

この図では正規分布を例に示した．将来のポートフォリオの価値変化がこの正規分布に従っているとする．正規分布をある区間積分することによって，その区間の発生確率が求められる．例えば変化が X 以上の確率は，分布を X〜無限大まで積分することによって得られる．この計算を逆にしてみよう．つまり，確率

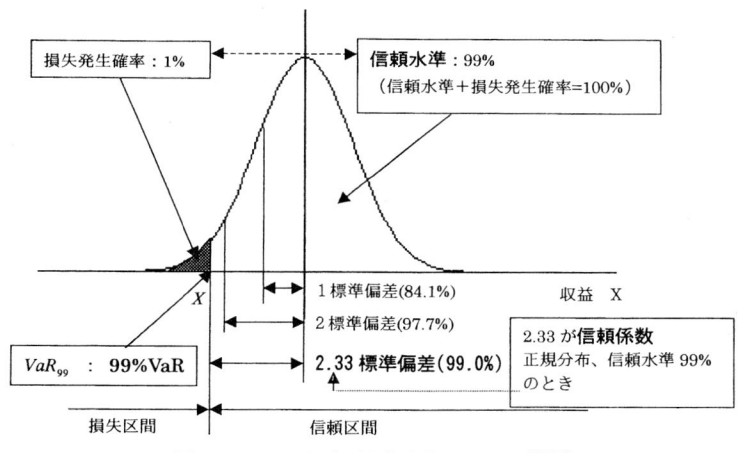

図 2.3　VaR の概念（信頼水準と VaR の関係）

を与えてその確率にみあう区間を探すということである．図では99%の確率に相当する区間を探した結果を示している．正規分布を仮定しているので，区間の下端を示す X は，平均より

$$2.33 \times 標準偏差 \tag{2.5}$$

に位置している．このとき，99%を信頼水準といい，標準偏差にかけ合わされた係数2.33を信頼係数という．また，100%から信頼水準をひいた値，

$$100\% - 99\% = 1\% \tag{2.6}$$

を**損失発生確率**という．

正規分布を仮定しない場合や信頼水準が99%ではない場合，信頼係数は2.33とはならない．しかし，信頼係数を使った分析の場合の多くは正規分布を仮定しているし，加えてVaRは99%水準を評価することが多いので，信頼係数は多くの場合2.33である．なお，正規分布を仮定しない分析では，信頼水準から区間の下端 X を計算するのに，積分ではなく単純に「数え上げ」を手段として用いていることが多い．

なお，本書では「信頼水準 $X\%$ のVaR」を VaR_X，信頼係数を θ_X と記述している．また，確率分布型を特定する必要がある場合，分布型を示す関数を $f(x)$ とすると，それぞれ $\mathrm{VaR}_X[f(x)]$，$\theta_X[f(x)]$ と記述する．

例えば，将来のポートフォリオ価値の確率分布が，平均0，標準偏差 σ の正規分布 $N(0, \sigma^2)$ に従うとき，その信頼水準99%のVaRは

$$\mathrm{VaR}_{99}[N(0, \sigma^2)] \tag{2.7}$$

信頼係数は

$$\theta_{99}[N(0, \sigma^2)] \tag{2.8}$$

と記述する．図2.3の内容をこの表記法で示せば

$$\theta_{99}[N(0, \sigma^2)] = 2.33 \tag{2.9}$$

である．

2.2.5　VaRの概念のまとめ

以上のVaRの概念を，簡単に図2.4にまとめる．

過去の観測期間におけるマーケット変動を参考として，保有期間経過後の価格

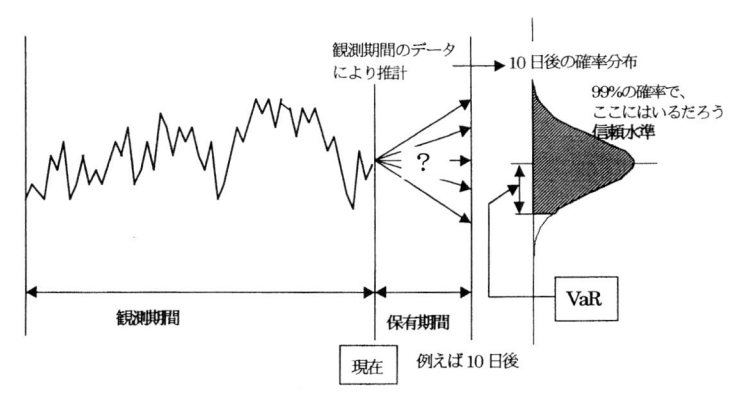

図 2.4 VaR 計測の概念図

変動に正規分布などの確率分布を仮定して，信頼水準に対応する確率で生じる損失額の最大値を推定することになる．

このように計算される VaR には，以下のような特徴がある．

① 多種多様なポートフォリオのリスクを，「ある一定の確率のもとでの損失可能性」という共通の尺度で比較できる．
② 様々なリスク要因相互の関連を考慮し，投資戦略の全体の予想損益変化を認識できるため，自己資本等との比較が可能である．
③ 統計的手法により，理論的な裏づけがある．

2.2.6　VaR とポートフォリオ理論の相違点と共通点

ここで，VaR とポートフォリオ理論の違いについてふれておく．本来ポートフォリオ理論と VaR は概念的に全く別のものである．しかし，VaR の計算方法の 1 つであるデルタ法が，ポートフォリオ理論の計算過程と同様の手続きを踏むため，しばしば近い概念として認識されている．

そもそもポートフォリオ理論は，リターン一定のもとでのリスク最小化問題として定義される．その最終的なアウトプットは最適ポートフォリオ，言い換えれば資産比率である．これは，現時点での投資家の意志決定もしくは投資戦略そのものである．それに対して VaR のアウトプットはポートフォリオのリスク量である．これは投資家の意志決定というより，現状分析というべきであろう．

ポートフォリオ理論では投資家の投資戦略作成のため，リスク最小化問題を解

表 2.1 ポートフォリオ理論と VaR

	ポートフォリオ理論	VaR	評価
リスクの指標	収益率の標準偏差	最大損失額または最大損失率	VaR の方が直感的に理解しやすい
リスクの計算法	分散共分散法	分散共分散法 モンテカルロ法 ヒストリカル法	VaR はポートフォリオ理論の応用ではない
適用範囲	市場リスクのみ	市場リスク クレジットリスク 流動性リスク	VaR は適用範囲が広く，多くのリスクを同時に評価できる
分布型	正規分布 （モデルによって歪度を取り入れることは可能）	正規分布 非正規分布 ノンパラメトリックな分布（ヒストグラム等）	VaR は計算方法に多くのバリエーションがあるため，分布型にとらわれない
アウトプット	ポートフォリオの最適資産比率	ポートフォリオのリスク量	

く．つまり

$$\min_s \sigma^2(s_1, s_2, \cdots, s_n) = \min_s \sum_i \sum_j s_i s_j \operatorname{Cov}(\xi_i, \xi_j) \tag{2.10}$$

$$\text{subject to}: \mu_P = \sum_i \mu_i s_i$$

$s_1, s_2, \cdots, s_n$：各資産の資産比率
$\sigma^2(s_1, s_2, \cdots, s_n)$：ポートフォリオ $(s_1, s_2, \cdots, s_n)$ の収益率分布の分散
μ_i：資産 i の期待収益率
μ_P：ポートフォリオの期待収益率
$\operatorname{Cov}(\xi_i, \xi_j)$：資産 i と資産 j の収益率の共分散

である．また，ポートフォリオの期待収益率を一定に固定するのではなく，効用関数とリスク許容度の概念を用いて，下の形で表現することもある．

$$\max_{s_i} \sum_i \mu_i s_i - \frac{1}{\lambda} \sigma(s_1, s_2, \cdots, s_n) \tag{2.11}$$

ここで，λ はリスク許容度である．ポートフォリオ理論の効用関数で用いられているリスクの尺度は，2.1節で紹介したリスクの指標のうちのボラティリティである（(2.11)式の第2項）．しかし，この尺度を VaR のようなダウンサイドリスクで表現してみても，理論的に問題はない．つまり，

2.2 VaRの概念と定義

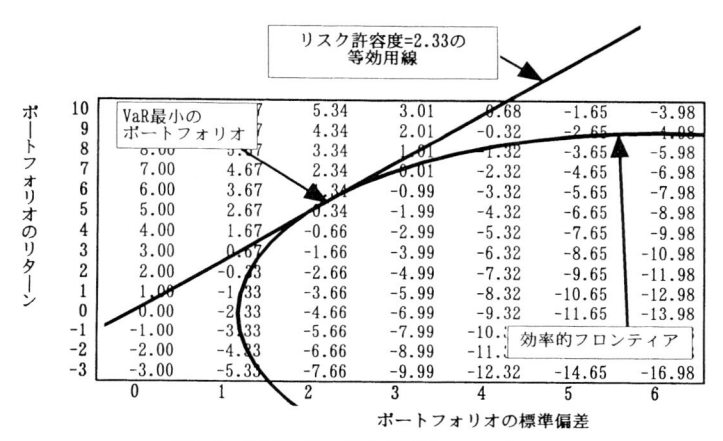

図2.5 99%VaR の値と効果的フロンティア

$$\max_{s_i} \sum_i \mu_i s_i - \text{VaR}_{99}[\phi(s_1, s_2, \cdots, s_n)] \tag{2.12}$$

と表現される．ただし，この式は VaR を平均からの差で定義した場合である（BOX-3 参照）．このとき，すべての資産の収益率分布が正規性を仮定できるのであれば，

$$\text{VaR}_{99}[\phi(s_1, s_2, \cdots, s_n)] = 2.33\sigma(s_1, s_2, \cdots, s_n) \tag{2.13}$$

である．そのため上式は(2.11)式のリスク許容度 λ を $1/2.33 = 0.429$ とした場合と一致する．このように VaR はもともとリスク量の測定の尺度ではあるが，一方ではポートフォリオ理論のように，投資戦略にかかわる意志決定ツールとしても用いることができる．

図 2.5 に効率的フロンティアと資本市場線および VaR の値を 1 つの図面に表した．正規分布を仮定する限り，リターンとリスクを与えれば VaR が求められる．そのため，VaR 最小化問題は効率的フロンティアと傾き 2.33 の等効用線の接線によって解（＝最適ポートフォリオ）を得ることができる．

以上が VaR の概念である．この概念に沿って実際に VaR を計算するにあたり，多くのバリエーションや注意すべき点がある．以下の節では，VaR 算出時に起こりうる問題点をいかに解決するかを中心として，VaR の計算の実際につ

いて解説する．

BOX-4　平均と VaR の関係

　本節の定義の中ではあいまいに扱っていたが，VaR には数学的に 2 つの定義がある．信頼水準 99% の VaR を例にいうと，1 つは 1% の確率で起こりうるポートフォリオの最低収益率であり，いま 1 つはその収益率と収益率分布の平均との差である（図 B.1 参照）．本書では，VaR を後者の定義で説明した．この定義は，金融機関等で VaR を議論する場で主流となっている．

　VaR のもともとの考え方からすると，前者の方が理にかなっているように思われるかもしれない．もし，投資判断を VaR のみの指標で行っているとすれば，それも十分に納得のいく見解である．しかし現在の投資戦略では，VaR は意志決定のための指標の 1 つにすぎず，他の指標と組み合わせて用いることが多い．そのとき VaR が持つ意味はあくまでも「リスクの指標」であって，「リターン」を表す収益率の平均とともに用いられることが一般的である．これはボラティリティ（標準偏差）でリスクを表現するとき，リターンの代表値として平均を用いることと似ている．

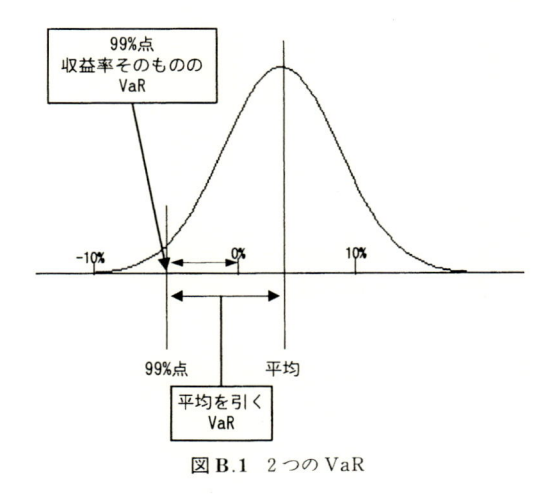

図 B.1　2 つの VaR

前者の収益率ベースの VaR を用いた場合，その計算結果はリスクの要素とリターンの要素を兼ね備えたものになるので，この VaR を平均とともに投資戦略の意思決定に用いるのであれば，リターンの影響が両方の変数に現れてしまう．それに対して，後者の VaR を採用した場合は，VaR の計算結果はリターンの影響を除いた純粋のリスクを表すことになる．

このように，平均をひいた VaR を定義することがそれなりに便利ではあるが，ときには前者を VaR の定義としている論文もみうけられるので，注意していただきたい．

2.3 分布の正規性とその検証

2.3.1 正規性の影響

ある確率変数が正規分布に従っているとき，その変数には正規性があるという．前節では VaR の概略を，市場の変動が正規分布に従う場合を例に説明した．しかし，過去の研究をみると，市場変動が正規分布に従っているという命題は否定されることが多い．この節では，正規性を仮定する意味と，正規性を検証する方法，非正規性の扱い方について説明する．

市場リスクの計測や VaR の算出過程において，正規性の仮定が用いられる局面はおもに以下の3点である．

① 信頼係数 θ を求めるとき
② デルタ法を用いてリスクを合成するとき
③ シミュレーション用の時系列モデルのパラメータを計算するとき

このうち②，③の意味については，それぞれ3.3節「デルタ法」，および3.5節「モンテカルロ法」にて説明する．なお，③については理論的には正規性を仮定する必要がない．計算の都合上，正規性を仮定するケースが多いということである．それに対して，②のデルタ法は正規性の仮定が前提となっている．

さて，①について，前節で信頼係数 $\theta=2.33$ とおいたのは，市場の変動の正規性を仮定したからであった．もし，確率分布の正規性を仮定しなかったならば，$\theta=2.33$ とはならない．それどころか，信頼係数そのものが定義できないことが一般的である．正規分布は平均と標準偏差の2パラメータで定義できる関数

であるから，(2.4)式の

$$\text{VaR} = (信頼係数) \times \sqrt{(保有期間)} \times (ボラティリティ)$$

という式が成り立ったのであり，正規性がなければこの式は成立しない．ただし，対数正規分布など平均と標準偏差の2パラメータで定義できる分布を仮定した場合は，この限りではない．

次に，市場の変動が正規分布に従っているかどうかという点を考察する．Mandelbrot (1963) と Fama (1965) による初期の研究以来，多くの研究者が市場変動の正規性について過去の収益率の時系列データを用いて確認を行っている．それらの成果は，少し乱暴であるが，おおよそ以下の結論にまとめられる（表2.2参照）．

① 収益率の分布は，正規分布より裾広がりの分布をしている（fat-tailの仮説）．
② 収益率の分布平均値周辺の山の高さは，正規分布より高い（尖度が大きい）．
③ 収益率の分布は負の方向に歪んでいることが多い（歪度が負）．
④ 収益率は時系列的に小さい正の自己相関を持つ．
⑤ 収益率の2乗は時系列的に正の自己相関を持つ．

④，⑤は正規性の有無とは無関係であるが，(2.4)式の成立条件の反証であり，同時に研究されることが多いため併記した．なお図2.6および図2.7にTOPIXの日次データをもとにした正規性の分析を示した．これらの図をみると，上記①のfat-tailの問題や，②の尖度の問題などが端的に把握できる．特に，fat-tailはVaRを求めるにあたって影響が大きい問題なので，十分認識していただ

表2.2 TOPIXとS&Pの非正規性を示す統計量

	TOPIX		S&P	
	日次収益率 (ヒストグラム)	正規分布 (最尤推定)	日次収益率 (ヒストグラム)	正規分布 (最尤推定)
平均	-0.006	-0.006	0.044	0.044
標準偏差	1.246	1.246	1.072	1.072
歪度	-0.011	0.000	-5.136	0.000
尖度	12.137	3.000	118.022	3.000
VaR99%収益率	-3.414	-3.001	-2.655	2.521
VaR95%収益率	-1.769	-2.135	-1.442	1.811

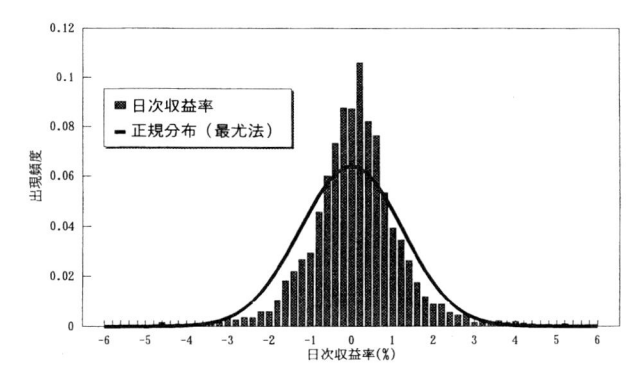

図 2.6 日次株式収益率の分布と正規性
TOPIX 日次データ（1987/8/1～1999/5/14）より作成．

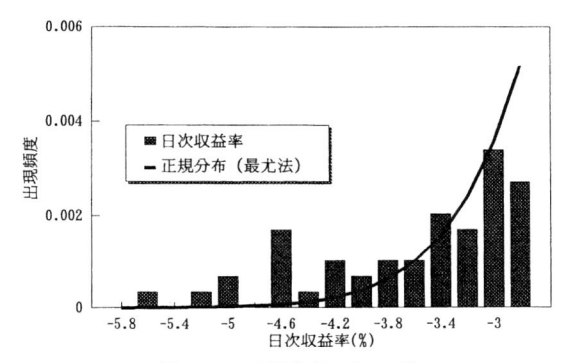

図 2.7 日次収益率の fat-tail
TOPIX 日次データ（1987/8/1～1999/5/14）より作成．

きたい．

また，近年の市場変動を対象とした J. P. Morgan（1995）の報告でも，国債，スワップ，および外国為替の各資産データにおいて，同じような傾向があるとされている．つまり，

① 資産の大部分は fat-tail の構造をしている．
② 為替レートの収益率は，他のリスクファクターと比較して正規分布に近い分布を示している．
③ 短期金利の収益率は，中央銀行のとる措置の結果として自由裁量的に決まるため，金利変動が発生しない日が多く，分布の尖度が極端に大きくなる．

このように，市場変動に正規性を仮定することには疑問が残る．そこで，正規性を仮定しないいくつかのモデルが提案されているが，それらの計算量が膨大であったり，精度があまり向上しなかったりしており，必ずしも問題が解決されていない．そのため，上記の反例をあえて無視し，正規性を仮定したモデルも多い．正規性を前提とするか否かは，リスク計測の目的や入手されたデータの質と量，対象としているリスクファクターの性質などから，ケースバイケースで判断されることになる．

2.3.2 非正規性への対策

以上のように，収益率分布の分布型は，正規分布に従っていないと考えられる．ところで，リスク管理モデルにおいては，複数の資産クラスから合成された，トータルの資産価格分布を対象に VaR を計算する．このとき，たとえ個々の資産の分布については厳密に正規分布に従わなくても，ポートフォリオの収益率分布は正規分布しているとみなせることがある．これは，統計学で**中心極限定理**と呼ばれる理論を用いている．この定理は，「個々の確率分布がいかなる形であれ，各分布から抽出された確率変数が独立の関係になるならば，その和の分布は正規分布に近づく」というものである．正規分布への収束の速さは，各分布型と確率変数の独立性によって異なるが，資産収益率分布はほぼ対称型であるため，和の分布が正規分布に収束する速度も速い．

このように，分析対象のポートフォリオの収益率分布は正規性が確保されていると仮定して分析するのも一案であるが，より積極的に非正規性を前提に分析する方法がある．例えば，Jorion (1996) は，誤差分布（収益率分布）に t 分布を仮定した検証を行っている．彼は最尤推定法を用い，t 分布を各資産の収益率に当てはめることで，分布の fat-tail 構造をうまく表現することができることを論証した．特に1資産の収益率分布の記述法に関し，一定の成果をあげている．しかし，VaR 推定に用いられているのは，多くの場合ポートフォリオの資産価格分布である．そのため，彼が行ったような個々の資産の収益率分布の厳密な推定は，あまり重要でない．

このほかにも，対数正規分布など非正規性分布を仮定したリスク管理モデルが開発されている．しかし，何らかの分布型を仮定した場合，正規分布以外では数学的記述が複雑になり，分析の自由度が低下してしまう．また，モデルのパラメ

ータ推計の際に，数値計算の負荷が大きくなってしまうなど，多くの問題が発生する．そのため，非正規性を前提とした分析を行う場合，分布型を仮定しない**ノンパラメトリックな方法**（ヒストリカル法など）をとることが，最近の一般的なアプローチである．

2.3.3 収益率の分布の正規性を検証する手法

前述のように，多くのモデルが収益率分布に正規分布の仮定をおいているが，本当に正規性を有しているかどうかは疑問な点が多い．そこで，収益率分布の尖度に関する正規性を検証する1手法である **Gearyの検定** を説明する．

Gearyの検定では，標本分布の尖度（標準正規分布では3）と正規分布のそれとを比較する手法をとる．いま，標本 $\varepsilon_1, \varepsilon_2, \cdots, \varepsilon_N$ に対し，検定統計量

$$G = \frac{\sum_{n=1}^{N} |\varepsilon_n - \bar{\varepsilon}|}{\sqrt{N \sum_{n=1}^{N} (\varepsilon_n - \bar{\varepsilon})^2}} \tag{2.14}$$

を求める．裾の長い分布については G の値は小さくなる傾向がある．

帰無仮説 H_0：標本分布は正規分布に従う．

対立仮説 H_1：標本分布は正規分布に従わず裾の長い分布になる

（尖度が大きい）．

帰無仮説のもとで，G は漸近的に平均 $\sqrt{2/\pi}$，分散 $1/N \cdot (1 - 2/\pi)$ の正規分布に従う．対立仮説 H_1 に基づき，棄却域を

$$G < G_{0.05} \tag{2.15}$$

とすれば，有意水準95%で検定できる．

2.3.4 実務からみた非正規性

これまでに解説したように，VaRモデルを作成している技術者の間では，ほとんどのリスクファクターの収益率分布は正規分布していないということが，すでにコンセンサスになっている．しかし，それは必ずしも正規性を仮定しないということではない．実際金融機関で用いられているVaRモデルでは，正規性を仮定しているモデルと，正規性を否定してヒストリカル法など正規性を必要としない方法を採用しているモデルが混在している（表2.3）．収益率分布が正規分

表2.3 正規性の対応と問題点

	具体的な方法	問題点
正規分布を仮定する	デルタ法 モンテカルロ法の一部	現実の分布とは異なるため，VaRを小さく見積もる可能性
正規分布を仮定しない	非正規分布を仮定	計算負荷の増大 理論的に難易度大
	ヒストリカル法	ヒストリカル法が受け入れられるのか？

布していないと認めつつも，正規性を仮定したモデルを採用するには，それ相応の「いいわけ」が必要である．よく使われる「いいわけ」としては，以下のものがある．

① 正規性を仮定する方法以外に簡便な計算方法が提示されていない．
② 短期間のリスクを対象としているときは，fat-tail が計算結果に与える影響は少ない．
③ ポートフォリオのリスクは多くのリスクの和であり，そのため中心極限定理によりポートフォリオのリスクは正規分布に近似できる．

しかし，これらは必ずしも合理的とはいえない．①については，正規性を仮定しないヒストリカル法が存在する．②については，日次収益率など短期間のリスクほどfat-tailの性質が顕著であり，真実ではない．③については，中心極限定理が実現するには各変数が独立である必要がある．言い換えるとポートフォリオに含まれているリスクファクター間に相関がないことを仮定することになる．つまり，中心極限定理を仮定してしまうと，リスクファクター間の相関を考慮しているデルタ法と理論的に相容れないことになる．しかし，正規性を仮定したモデルの多くは，デルタ法を用いており，この矛盾から逃れていない．

結局この正規性の問題から逃れるためには，正規性を仮定しないモデルを作成するか，正規性の仮定が必要なデルタ法を採用しなければならない何らかの定性的な事情を強調するしかないのである．

2.4 VaR管理手法のフレームワーク

前節までにVaRの概念を説明した．では，実際はこのVaRをどのような手順で算出するとよいであろう．具体的な算出手法については第3章以降の記述に

2.4 VaR管理手法のフレームワーク

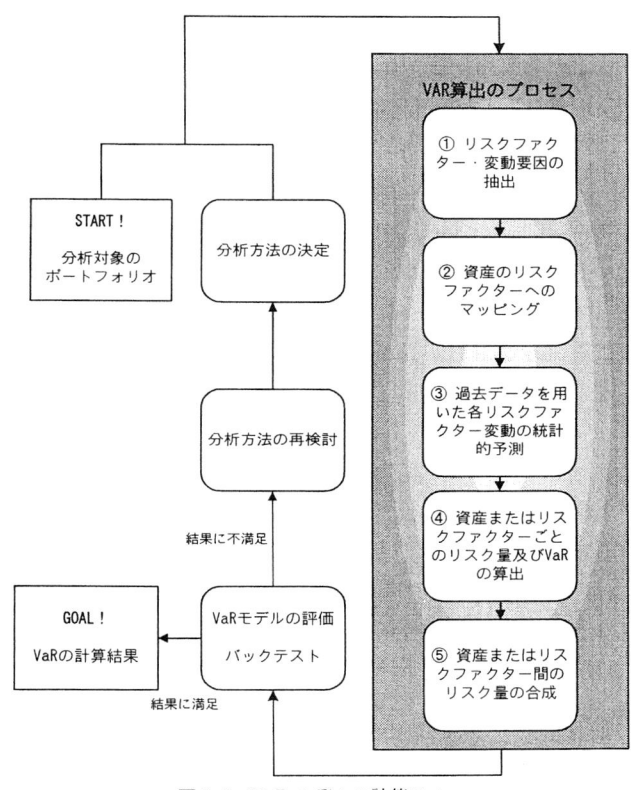

図2.8 VaR モデルの計算フロー

よるが，各ステップの解説の理解を容易にするため，この節では全体の流れを簡単に押さえておく．

VaR の算出の段階は大きく分けて図2.8に示したステップによって構成される．ただし，このステップ構成は一応のめやすであり，モデルの構造や計算の目的によって，いろいろなバリエーションがある．実際にはこのステップの一部を省略したり，順序が変わる計算方法も考えられる．

① リスクファクター，変動要因の抽出：分析対象のポートフォリオの構成要素から，リスクの発生源であるリスクファクターを抽出する．代表的なリスクファクターとしては，株式指数，為替レート，グリッドポイントの金利などであ

る．株式指数などの指標をベースにしたリスクファクターのみでは，ポートフォリオのリスクを正確に表現できないことがある．その場合，個別リスクをリスクファクターとするか，もしくは個別リスクに対する何らかのモデルを作成する必要がある．

② 資産のリスクファクターへのマッピング：分析対象のポートフォリオを各リスクファクターに関連づける．マッピング方法の1つとしては，リスクファクターとして取り上げた株式指数が1単位変化したとき，ポートフォリオの価値がどのくらい変化するかというような，感応度を測定する．このほかにも，金利やオプションなどでは，保有資産をリスクファクターに分解する計算式が開発されており，感応度の概念を経ずにマッピングする方法がある（4.1節参照）．

③ 過去データによる各リスクファクター変動の統計的予測：VaRを計算するにはリスクファクターの変動を把握する必要がある．これには過去のデータの分散などの単純な統計量で表す場合と，時系列モデルなどの統計モデルによって予測する方法がある．

④ 資産またはリスクファクターごとのリスク量およびVaRの算出：マッピングとリスクファクターの変動性の分析結果より，資産ごともしくは分析方法ごとのVaRが算出される．

⑤ 資産またはリスクファクター間のリスク量の合成：ポートフォリオのVaRを計算するにあたって，資産によっては特別な計算方法が必要となる場合がある．このようなとき，いくつかの資産クラスのリスク量を別々に計算し，その後これらのリスク量を合成してポートフォリオ全体のVaRを算出する．

⑥ バックテストによるモデル精度の確認：このようにして求められたVaRは，今後の経営判断，投資戦略に用いられるのであるが，それが有効であるためにはVaRの精度が満足のいくレベルになくてはならない．そのためVaRの計算結果を蓄積しておき，市場変動の結果を得た後，この計算精度をチェックする必要がある．この作業をバックテストという．BIS規制においてもバックテストは義務づけられており，毎日計算されたVaRを保存しておき，1年分のデータが蓄積された時点で，VaRの計算方法が妥当であったかどうかが検討される．ただし，1年未満のデータにおいてVaRの計算精度が明らかに悪いことがわかったときは，1年間のデータにはこだわらないで検討を始める．バックテストの具体的な方法については第6章で解説する．

章 末 問 題

問題 2.1 表 Q.1 に示した日次収益率データをもとに以下の問いに答えよ．
1) 保有株式ポートフォリオの日次ボラティリティを求めよ．
2) 正規分布を仮定したときの 99%VaR を求めよ．
3) TOPIX に対するリスク感応度を，① 1 月 4 日の感応度，② 10 日間の平均感応度，③ 回帰分析による感応度のそれぞれについて求めよ．

表 Q.1

日付	株式ポートフォリオの日次収益率	TOPIX の日次収益率
1月 4日	−1.4	−0.4
1月 5日	+0.1	−0.3
1月 6日	+1.2	+0.7
1月 7日	+0.7	+0.2
1月 8日	+0.8	+1.1
1月11日	−0.1	−0.1
1月12日	+0.2	−0.2
1月13日	−1.5	−0.5
1月14日	−0.7	−0.2
1月15日	+0.3	+0.5

問題 2.2 VaR の信頼係数を $\theta_{99}[N(0,\sigma^2)]=2.33$ としたのは，収益率分布に正規分布を仮定していたからである．他の分布形が仮定されればこの数値は変動することを，一様分布を仮定した場合について信頼係数を求めて確認せよ．

問題 2.3 下に 51 日間の TOPIX の終値データを示す．このデータより日次の常数収益率を求め，Geary の検定により正規性を確認せよ．また対数収益率の場合はどうか検定せよ（ただし，有意水準 95%）．

```
1064,  1048,  1058,  1069,  1058,  1057,  1055,  1057,  1069,
1075,  1074,  1090,  1104,  1097,  1098,  1109,  1115,  1110,
1125,  1119,  1113,  1097,  1090,  1084,  1090,  1083,  1081,
1089,  1095,  1101,  1097,  1095,  1094,  1108,  1117,  1120,
1124,  1120,  1107,  1092,  1099,  1105,  1146,  1147,  1162,
1187,  1196,  1195,  1211,  1240,  1260
```

問題 2.4 下方リスクの代表で VaR を紹介したが，他の下方リスクにはどのような指標が考えられるか．またその指標の VaR との優劣を論ぜよ．

3

リスク計測モデルの基本構造

　前章で詳解した VaR の算出方法について具体的に説明する．VaR の算出方法は，デルタ法（分散共分散法），ヒストリカル法，モンテカルロ法と呼ばれる，3 つの基本的なモデルに分類される．各方法の前提条件，計算プロセス，短所長所についてそれぞれの節で解説する．これらの基本 3 方法以外にも，簡略な算出方法である BIS 標準法や，慣習的に用いられているストレステストについて，3.2 節および 3.6 節で紹介する．

3.1　VaR 算出モデルのバリエーション

3.1.1　VaR モデルの分類方法

　VaR の計算目的は保有資産のリスクを計測し，それをポートフォリオの管理や資本政策などの，より上位の意志決定にフィードバックさせることにある．このフィードバックが有効に機能するためには，VaR の計算方法が合理的なものでなくてはならない．これまでに概説したように，VaR の計算方法には多くのバリエーションがあり，それぞれ長所短所を持っている．そのため，VaR の計算の目的や，ポートフォリオの性質などを考慮して，最適なリスク計量化方法を選択しなければならない．

　VaR の計算方法に多くのバリエーションができるのは，算出するにあたって決定すべき条件が多いからである．その条件ごとに，いくつかの選択肢があるため，その組合せは膨大なものになる．また，組合せによっては，理論的に矛盾しているものや，計算が不可能なものがあり，バリエーションの理解をさらに複雑なものにしている．

　図 3.1 に VaR の計算方法のバリエーションを概念的に表した．この図の上方

42　　　　　　　　　3. リスク計測モデルの基本構造

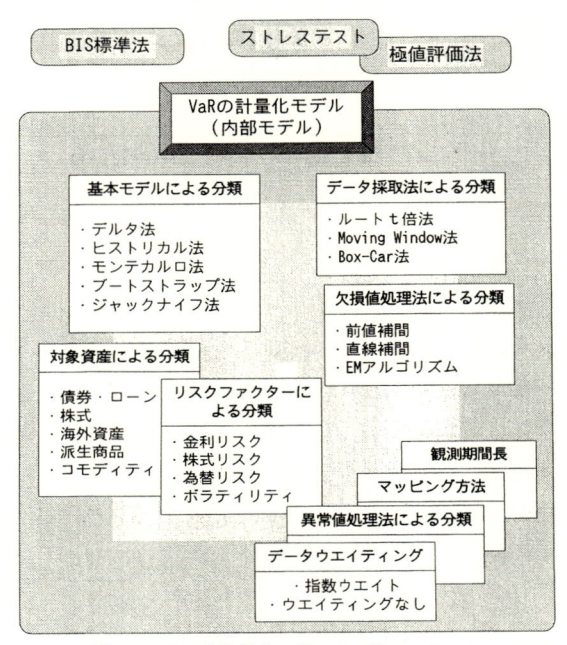

図3.1　リスク計量化モデルのバリエーション

にある **BIS標準法**は VaR 計算方法の1つではあるが，他の方法と違い計算に統計的手法を用いないため，他の方法のような分類が不可能である．また，ストレステストはポートフォリオのリスクを計量化する方法の1つであるが，これも明示的には統計モデルを用いていないので，他の方法と区別した．

　VaR計量化モデルの枠の中で，最も本質的な分類は，「基本モデルによる分類」である．特にデルタ法，ヒストリカル法，モンテカルロ法の3つの方法は，リスク計量化モデルの最も重要な技術であり，本書もこの3方法を中心に解説することになる．

　対象資産による分類とリスクファクターによる分類は，一部重複している概念である．例えば，株式については，資産ともいえるし，またリスクファクターと考えることも可能である．この違いは，2.2.6項で解説したポートフォリオの資産比率とエクスポージャーとの相違と同等のものである．この2つの概念は，マッピングと呼ばれる手続きで結ばれているのだが，このことについては4.1節に

3.1.2 代表的な方法

さて VaR 計算方法の基本モデルであるが，前述したようにデルタ法，ヒストリカル法，モンテカルロ法が存在する．しかし，BIS 標準法と呼ばれる計算方法は，一応 VaR を算出することができるため，これを含めて4つの方法を説明する（表 3.1 参照）．

BIS 標準法は，統計的手続きを経ずに，BIS が定めた会計方法でリスクを算出するものである．概念的にはリスクが大きい資産には大きいリスクかけ目が，リスクの小さい資産に対しては小さいリスクかけ目が割り当てられ，（資産額）×（かけ目）をたし合わせるというものである．同様の手法はわが国における金融機関の自己資本規制にも採用されているが，両者にはリスクかけ目やどの資産をリスク資産とするかという点について相違があり，算出結果は大きく異なる．

デルタ法は前章の VaR とポートフォリオ理論の違いのところで簡単に紹介した．分散共分散行列でリスクの合成を行うところに特徴がある．この方法は正規性の制約が特別強く，リスクファクターのデータが理想的なものであるとして計算される．現実のデータは必ずしも理想的な性質を持っていないため，データによっては計算精度が著しく悪いことがある．特に明らかに正規性が確保されてい

表 3.1 基本的な方法の比較

	メリット	デメリット	適用できるケース
デルタ法（分散共分散法）	・計算内容がわかりやすく，感度分析との関係も明白 ・システムの負荷が小さい	・オプションを含むポートフォリオのように，非正規・非線形リスク構造をもつ場合には，推定値が不正確	・非線形ファクターの比重が少ないポートフォリオ ・分散共分散行列が安定している場合
ヒストリカル法	・非線形のリスク構造にも対応可能 ・市場変動が正規分布でないような場合にも対応可能 ・計算負荷小	・過去に生じた事象以外を考慮できない	・ほとんどすべてのケースに用いることができる
モンテカルロ法	・非線形のリスク構造にも対応可能 ・市場変動が正規分布でないような場合にも対応可能	・ポートフォリオが大きくなった場合，システムの負荷が大きい ・内包する統計モデルが不適当だと，推定結果が著しく悪くなることがある	・シミュレーションに用いる変動モデル（時系列モデルなど）の説明力が高いとき

ないオプションなどを対象にした場合，その計算結果は全く信憑性のないものになるであろう．しかし，ある程度デルタ法の仮定が正しい場合には，計算負荷が小さいことや，理論的な背景が理解しやすいことなどから，使い勝手のよい計算方法である．有名な RiskMetrics は，この方法をベースとしている．

ヒストリカル法は，過去に起こったことが今後も同じ確率で起こりうる，と仮定した方法で，BIS 標準法を除けば最もシンプルな方法である．複雑な統計的な処理をしていないため，データに対する仮定も少なく，ほとんどのケースに対して適用可能である．また，推計精度も悪くないので便利な計算方法ではあるが，その利点のわりには使用される頻度は高くはない．

モンテカルロ法は，工学で用いられるモンテカルロ・シミュレーションを応用したものである．モンテカルロ法は，計算過程に時系列モデルの同定があり，このモデルの善し悪しが，計算精度に大きく影響する．そのため，時系列モデルの精度が比較的よい資産やリスクファクターに対しては，すばらしい精度を持っている．また，オプションのプライシングモデルなどを外挿することも容易であり，自由度の高いアプローチである．

反面，計算負荷が大きく，ポートフォリオの内容や時系列モデルによっては，非現実的な計算量になる．また，高度な統計モデルを組み合わせているため，仮定間の理論的な整合性を保つのが難しく，現実にはかなり問題のあるモデルが存在している．

本章の以下の節では，これらの計算方法について詳しく解説する．

3.2 BIS 標 準 法

前節で紹介した4つの VaR の基本モデルのうち，まず BIS 標準法について解説する．BIS 標準法は厳密にいえば，VaR を計算しているのではなく，VaR の代わりとなる数値を他の方法で計算しているものである．つまり，VaR の定義は第2章で説明したように，ある一定の確率（信頼水準）で起こる下方リスクのことであったが，BIS 標準法には信頼水準という確率の概念はない．

BIS 規制において銀行は自らリスク量（VaR）を計算し，報告することが義務づけられている．多くの銀行ではリスク量を計測する統計モデル（内部モデ

ル）を作成し，それに基づいて日々の VaR を計算している．しかし，内部モデルを作成する技術を銀行が持たない場合，BIS の指定するより簡便な計算式を用いて，リスク量を計算することが許されている．この方法は統計的な知識を必要とせず，従来の会計的な計算に近いため，技術者を持たない銀行には都合のよい方法である．しかし，BIS 標準法は後ほど説明する他の計算方法に比較して，リスク量が大きく計算される傾向にあり，自己資本の余裕のない一部の銀行などでは，BIS 標準法を採用することのデメリットは大きい．

BIS 標準法は，リスク資産の資産額と各資産に対するリスクかけ目によって構成されるリスク量である．いま，ポートフォリオに n 種類の資産があり，それぞれの資産額を s_i とし，資産 i に対するリスク掛け目を η_i とする．このとき BIS 標準法によるリスク量は，

$$\mathrm{VaR_{BIS}} = \sum_{i=1}^{n} \eta_i s_i \tag{3.1}$$

である．ちなみにリスクかけ目 η_i は，米国債などの信頼性の高い資産を償還まで持ちきる場合は 0% であるが，市場変動性が大きい株式や不動産などは 100% に設定されている（表 3.2 参照）．

この基本的なリスク計算式のほかに，BIS 標準法ではリスク合算についてのルールがある．それは，資産ごとに別々の計算方法を用いて，それを後に合算す

表 3.2　BIS 標準法のリスクかけ目

リスク資産	リスクかけ目
現金	0%
金	
OECD 政府債	
優良債*（残存6ヶ月以内）	3.125%
優良債*（残存6ヶ月～24ヶ月）	12.5%
優良債*（残存24ヶ月以上）	20%
特定事業債**	50%
その他の債券***	100%
株式	
不動産，モーゲージ債	

　*：地方債，US 公共債，CMOs，国際開発銀行債
　**：有料道路などの公共事業の収入が利払いの源泉となる債券
***：各国政府は社債を優良債のカテゴリーに分類する裁量を持つ．
　　　社債のリスクかけ目を社債格付けにより細分化する作業が現在
　　　行われている．

る場合に用いられる概念である．一般にリスクの合算を行う場合，リスク間に相関関係があれば，デルタ法の概念を用いてリスクを相殺することができる．例えば 2 資産の場合，

$$\sigma_{A+B} = \sqrt{\sigma_A^2 s_A^2 + \sigma_B^2 s_B^2 + 2\rho\sigma_A\sigma_B s_A s_B} \qquad (3.2)$$

σ_{A+B}：資産 A と資産 B の合算されたリスク（標準偏差）
σ_A, σ_B：資産 A および資産 B のリスク
s_A, s_B：資産 A および資産 B の保有資産額
ρ：資産 A と資産 B の相関係数

で計算される．しかし，BIS 規制においてリスク合成する場合，リスクの相関関係による相殺が認められず，

$$\sigma_{A+B} = \sigma_A s_A + \sigma_B s_B \qquad (3.3)$$

により計算されなければならない．この式は，リスクの相関関係からいえば，相関関係 $\rho = 1$ の最悪の状況を表している．これは会計原則の保守性の原則に基づいた考え方である．

3.3 デルタ法（分散共分散法）

3.3.1 デルタ法の基本

本章冒頭において，市場リスク計量化の方法として，デルタ法，ヒストリカル法，モンテカルロ法の 3 つの方法があることを解説した．本項では，このうち最も古くから支持されてきたデルタ法について解説する．

デルタ法は，リスクファクターの収益率分布が，正規分布に従うと仮定したとき，VaR が分布の標準偏差の一定倍で表現できることを利用した方法である．一方，デルタ法とほぼ同じ意味で使われる分散共分散法は，複数のリスクファクターの収益率分布を合成する方法の 1 つである．デルタ法を用いてポートフォリオのリスクを計測するとき，リスクの合成に**分散共分散行列**を用いるため，この 2 つの言葉は同じ方法を指すことが一般的である．2 つの方法の根本的な考え方は，この分散共分散行列によるリスク合成が統計的に可能である点に基づいている．これには，データが時系列方向に独立であるという条件，言い換えれば系列相関がない条件と，正規分布の仮定が必要である．厳密にいえば，実際のデータ

ではこのような仮定は成り立っていないが，ある程度満足の得られる計算結果と，直観的なわかりやすさ，そしてその数学的記述がポートフォリオ理論と類似していることから，デルタ法は多くの場面で用いられている．他の方法との使用頻度による比較では，現在の主流の方法といえるだろう．

デルタ法は複数のリスクファクターが存在する場合に有効な考え方である．しかし，その基礎となるエクスポージャー（感応度）の概念や，デルタ法の発想をより簡易に理解するため，まずリスクファクターが1つの場合について解説する．

3.3.2 エクスポージャー（感応度）

株式取引に関するリスクを考える．いま，1億円分の株式 S を持っていたとする．またその株式の10日間の変動が，平均0%，標準偏差2%の正規分布で表現できるとする．このときのVaRをデルタ法で考えよう．

$$\text{VaR}_{99}[N(0, 0.02^2)] = \text{VaR}_{99}[N(0, 0.01^2)] \times 2 = -4.66\% \tag{3.4}$$

であるので，平均0%，標準偏差2%の下方99%点は，-4.66% である．このときこの株式の下方99%の最大リスクは，

$$\text{VaR}_{99}[f_s] = 100{,}000{,}000 \text{円} \times -0.0466 = -4{,}660{,}000 \text{円} \tag{3.5}$$

と，計算される．この計算は，

$$\text{VaR} = (\text{エクスポージャー}) \times (\text{最大損失率}) \tag{3.6}$$

とVaRが表現されることを用いている．ここでいうエクスポージャーとは，その資産がどれだけリスクにさらされているかという，いわば「感応度」を表すパラメータである．例えば，多くの株式を保有すれば，株価の下落時に損失が大きくなる．つまり株式のような資産の場合，保有高（この例の場合1億円）が感応度である．

結局この関係は，資産の変動額を ΔV，変動率を ΔX とすると

$$\Delta V = \frac{\partial V}{\partial x} \Delta x \tag{3.7}$$

と同じ意味であり，感応度は $\frac{\partial V}{\partial x}$ である．

また，株式の収益率が正規分布 $N(0.02)$ に従うのなら，その1億円分の株式の

変化量は $N(0, 2百万^2)$ に従う．その結果 99% の VaR は

$$\text{VaR}_{99}[N(0, 2百万^2)] = -4,660,000 円 \tag{3.8}$$

と計算することもできる．この2つの計算方法の違いは，前者が単位あたりの収益率分布を先に求め，それに感応度（＝保有高）をかけ合わしているのに対し，後者は該当資産の分布を直接求めている．ポートフォリオ理論を習得された人には，後者の計算方式の方がなじみがあるはずである．しかし，VaR の計算では前者の方法が主流となっている．これは，ポートフォリオ理論ではリスクのある「資産」を保有していることが前提となっているが，VaR をはじめとするリスク解析の分野では，リスクの源泉は必ずしも「資産」とは限らないからである．この違いは，後ほど紹介する複数のリスクファクターが存在する場合の方が理解しやすいかもしれない．

なお，保有高が感応度である例を紹介したが，これは単一資産だけで保有しているときに起こる少し特殊なケースである．一般的にはポートフォリオはもっと複雑で，それに対するリスクファクターは概当資産の変動のみで表すことができない．そのため，株価指数，為替レート，金利水準など，公開されたリスク指標をリスクファクターとすることが多い．この場合の感応度も同様に(3.7)式で表される $\partial V/\partial x$ である．

3.3.3 リスクファクターが1つのときの VaR

さて，以上の感応度の概念を用いて，1リスクファクターの場合の VaR の算出方法を概説する．

① リスクファクターを1つ決定する．このリスクファクター x の変動とポートフォリオの価値 V_p の変動が線形関係にあることを前提とする．

② リスクファクターが1単位変動したときのポートフォリオ価値の変動である感応度 E を求める．線形関係を仮定しているため，ポートフォリオの価値 V_p の変動 ΔV_p は x が Δx だけ変動したとすると，

$$\Delta V_p = E \Delta x \tag{3.9}$$

となる．求め方にはいくつかの方法があるが，回帰分析のパラメータを代用することが一般的である．つまり，(3.9)式を回帰式とみなし，以下のように定義する．

3.3 デルタ法（分散共分散法）

$$\Delta V_{p,t} = E\Delta x_t + \alpha + \varepsilon_t \tag{3.10}$$

$\Delta V_{p,t}$：t 期におけるポートフォリオの変動額

Δx_t：t 期におけるリスクファクターの変動

α：定数項（＝0とすることもある）

ε_t：回帰モデルの誤差

このとき感応度 E は

$$E = \frac{n\sum \Delta V_{p,t}\cdot \Delta x_t - \left(\sum \Delta V_{p,t}\right)\left(\sum \Delta x_t\right)}{n\left(\sum \Delta x_t^2\right) - \left(\sum \Delta x_t\right)^2} \tag{3.11}$$

で求められる．

③ リスクファクターの変動 Δx が，一定の法則に従って確率的に変動すると仮定すれば，ポートフォリオの価値の変動 ΔV_p も，何らかの確率分布に従う．ここで，

「Δx は期待値0，標準偏差 σ_r の正規分布に従う」

と仮定すると，(3.9)式から，

「ΔV_p は正規分布に従う」

ことになる．そのため，ΔV_p の損失額の最大値である VaR を計測するためには，ΔV_p の標準偏差を計算すればよいことになる．なぜなら，正規分布は平均と標準偏差のみで形状が決定できるからである（VaR の計算では，通常保有期間が短いため収益率の平均値を0として標準偏差のみを求めることが多い）．

④ 過去のマーケットのデータからの標準偏差が以下のように計算される．

$$\sigma_r = \sqrt{\frac{1}{T_L - 1}\sum_{t=1}^{T_L}(x_t - \bar{x})^2} \tag{3.12}$$

⑤ (3.9)式の両辺の分散をとる．

$$\sigma_{\Delta V_p}^2 = \sigma_{E\cdot \Delta x}^2 \tag{3.13}$$

これを変形すると以下の式になり，ΔV_p の標準偏差を求めることができる．

$$\sigma_p = \sqrt{\sigma_{\Delta V_p}^2} = \sqrt{\sigma_{E\cdot \Delta x}^2} = E\sqrt{\sigma_{\Delta x}^2} = E\cdot \sigma_r \tag{3.14}$$

⑥ 求められた標準偏差を用いて VaR 値を計算するためには，保有期間と信頼水準（損失発生確率）の調整をすればよい．ポートフォリオの変動が正規分布に従うという仮定から，信頼係数は正規分布表より求められる．例えば損失発生確率 99% のとき $\theta = 2.33$ である．保有期間の調整については，期間を τ とする場合，一般に $\sqrt{\tau}$ 倍することになる（4.3 節参照）．

$$\mathrm{VaR}_{99}[N(0, \sigma_p)] = \theta \cdot \sqrt{\tau} \cdot E \cdot \sigma_r \tag{3.15}$$

3.3.4 複数リスクファクターの場合

複数の資産を保有している場合のリスクについては，ポートフォリオ理論などで紹介されているリスク合成の方法とよく似ている．違いは，ポートフォリオ理論では資産比率を変数としているのに対し，リスク解析では感応度を変数とみなしていることである．ここでは，まず資産比率を用いたリスクの合成について解説しよう．

リスクのある資産を n 種類保有していたとする．資産の保有高を $\bm{s} = (s_1, s_2, \cdots, s_n)$ とするとき，ポートフォリオ全体の収益率の平均と分散は

$$\mu_p = \bm{u} \cdot \bm{s}^t \tag{3.16}$$

$$\sigma_p^2 = \bm{s} \bm{Z} \bm{s}^t \tag{3.17}$$

で表される．ただし，$\bm{u}$ は各資産の収益率平均のベクトルで，資産 i の平均収益率を μ_i とすると $\bm{u} = (\mu_1, \mu_2, \cdots, \mu_n)$ である．また $\bm{Z}$ は分散共分散行列といわれ，

$$\bm{Z} = \begin{pmatrix} \sigma_1^2 & \mathrm{Cov}(\xi_1, \xi_2) & \cdots & \mathrm{Cov}(\xi_1, \xi_n) \\ \mathrm{Cov}(\xi_1, \xi_2) & \sigma_2^2 & \cdots & \mathrm{Cov}(\xi_2, \xi_n) \\ \vdots & \vdots & \ddots & \vdots \\ \mathrm{Cov}(\xi_1, \xi_n) & \mathrm{Cov}(\xi_1, \xi_n) & \cdots & \sigma_n^2 \end{pmatrix} \tag{3.18}$$

で表される．$\mathrm{Cov}(\xi_1, \xi_2)$ は資産 1 と資産 2 の収益率の**共分散**であり，各資産間の価格変動の相関関係を示している．これを過去のデータより算出する場合，収益率の時系列データが T_L 日分あるとすると以下の式で表される．

$$\mathrm{Cov}(\xi_1, \xi_2) = \frac{1}{T_L - 1} \sum_{t=1}^{T_L} (\xi_{1,t} - \mu_1)(\xi_{2,t} - \mu_2) \tag{3.19}$$

以上のように，ポートフォリオの収益の分散が求められるので，これをもとに

VaR を計算することができる．

さて，一般のリスク計測や VaR の計算方式は，感応度を変数に計算されると書いた．これは，あるポートフォリオが複数のリスクにさらされているとき，そのリスクファクター間の相関関係を考慮して，ポートフォリオのリスクを計量化するということである．ポートフォリオが複数のリスクにさらされているというのは，例えば株式と債券からなるポートフォリオの場合，株価と金利のリスクファクターを持つということである．資産は必ずしも複数である必要はない．例えば米国株式のみ所有している場合でも，米国株価と為替レートとの2つのリスクファクターを持つ．

今，あるポートフォリオは m 個のリスクファクターにさらされているとする．それぞれのリスクに対する感応度を $\boldsymbol{E} = (E_1, E_2, \cdots, E_m)$ で表す．ポートフォリオの価値を V_p，i 番目のリスクファクターを x_i で表すと，感応度は

$$E_i = \frac{\partial V_p}{\partial x_i} \tag{3.20}$$

のようになる．また，ポートフォリオの変化は

$$\begin{aligned}\Delta V_p &= \frac{\partial V_p}{\partial x_1}\Delta x_1 + \frac{\partial V_p}{\partial x_2}\Delta x_2 + \cdots + \frac{\partial V_p}{\partial x_m}\Delta x_m + \varepsilon \\ &= E_1 \Delta x_1 + E_2 \Delta x_2 + \cdots + E_m \Delta x_m + \varepsilon \end{aligned} \tag{3.21}$$

となる．リスクファクターの将来が不確実であると考え，その平均と分散をそれぞれ，μ_i, σ_i とする．このときポートフォリオの収益率の平均と分散は，

$$\mu_p = \boldsymbol{uE}^t \tag{3.22}$$

$$\sigma_p^2 = \boldsymbol{EZE}^t \tag{3.23}$$

によって表される．ただし，資産の場合と同じように，$\boldsymbol{u}$ は各リスクファクターの平均変動率のベクトルで，リスクファクター i の平均収益率を μ_i とすると $\boldsymbol{u} = (\mu_1, \mu_2, \cdots, \mu_m)$ である．$\boldsymbol{Z}$ はリスクファクター間の分散共分散行列であり，

$$\boldsymbol{Z} = \begin{pmatrix} \sigma_1^2 & \mathrm{Cov}(x_1, x_2) & \cdots & \mathrm{Cov}(x_1, x_m) \\ \mathrm{Cov}(x_1, x_2) & \sigma_2^2 & \cdots & \mathrm{Cov}(x_2, x_m) \\ \vdots & \vdots & \ddots & \vdots \\ \mathrm{Cov}(x_1, x_m) & \mathrm{Cov}(x_2, x_m) & \cdots & \sigma_m^2 \end{pmatrix} \tag{3.24}$$

で求められる．その結果ポートフォリオの価値の標準偏差は

$$\sigma_p = \sqrt{(E_1\ E_2\ \cdots\ E_m)\begin{pmatrix} \sigma_1^2 & \mathrm{Cov}(x_1, x_2) & \cdots & \mathrm{Cov}(x_1, x_m) \\ \mathrm{Cov}(x_1, x_2) & \sigma_2^2 & \cdots & \mathrm{Cov}(x_2, x_m) \\ \vdots & \vdots & \ddots & \vdots \\ \mathrm{Cov}(x_1, x_m) & \mathrm{Cov}(x_2, x_m) & \cdots & \sigma_m^2 \end{pmatrix}\begin{pmatrix} E_1 \\ E_2 \\ \vdots \\ E_m \end{pmatrix}}$$
(3.25)

となり，ポートフォリオの VaR は以下の式で求められる．

$$\mathrm{VaR} = \theta \cdot \sqrt{\tau} \cdot \sigma_p \tag{3.26}$$

τ は保有期間，θ は損失発生確率に対するパラメータである．デルタ法は正規分布を仮定しているので，例えば損失発生確率 99% のとき，$\theta = 2.33$ である．

3.3.5 デルタ法の計算ステップ

以上がデルタ法の理論的背景である．実際は図 3.2 のステップを経て，VaR を求める．

① ポートフォリオに影響を与えるリスクファクターを決定する．
② 各リスクファクターの 1 単位の変動に対するポートフォリオの感応度 (E_1,

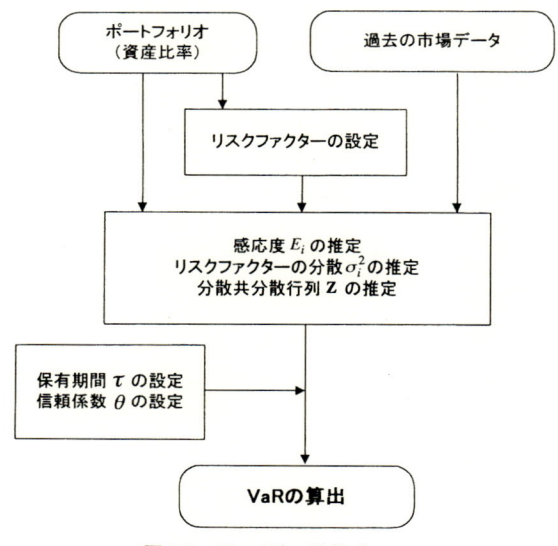

図 3.2 デルタ法の計算プロセス

$E_2, \cdots, E_m$) を計算する．
③ リスクファクターの分散 ($\sigma_1^2, \sigma_2^2, \cdots, \sigma_m^2$) および共分散 $\text{Cov}(x_i, x_j)$ を求める．この結果分散共分散行列 Z を得る．
④ (3.25)式を用いて，ポートフォリオの変動 V_p の分散 σ_p^2 を計算する．
⑤ 信頼水準と保有期間の条件を与え，正規分布を仮定し，VaR を計算する．

3.3.6 デルタガンマ法

デルタ法はリスクファクターの変化に対して，感応度が安定的であることを仮定している．この仮定は資産によってはそれほど無理のある仮定ではないが，オプションや金利性の一部の資産など，明らかに感応度が一定でない場合が存在する．そこで，感応度の変化もリスクとしてとらえる方法が考えられる．特に感応度の変化率をファクターの変化に対して線形で定義する方法を，**デルタガンマ法**と呼ぶ．つまり，ポートフォリオの変化 ΔV_p を以下の式によって定義したとき，

$$\Delta V_p = E \Delta x + \frac{1}{2} \Gamma \cdot (\Delta x)^2 \tag{3.27}$$

この第2項が感応度の変化のリスクであり，

$$\Gamma = \frac{\partial^2 V_p}{\partial x^2} \tag{3.28}$$

である．このとき，VaR は ΔV_p の分布から得られることになるが，その際その

表3.3 デルタガンマ法のバリエーション

方法	仮定と目的	利点と問題点
デルタガンマノーマルアプローチ	デルタとガンマの無相関を仮定．ガンマを通常のリスクファクターとして，線形に展開．	数学的に単純であり扱いやすい．仮定に無理があるため，通常は精度が低い．
Wilson のデルタガンマ法	VaR を，信頼水準を制約条件とした2次計画法として定義．	VaR の定義が通常の処理と異なるため，扱いにくい．
インプライドデルタガンマ法	派生市場データより，デルタ・ガンマ値を別途に推計する．	市場データの推計に用いるモデルが適切であれば，高い精度が期待できる．
高モーメントデルタガンマ法	歪度，尖度といった分布の高次モーメントまで推計することにより，間接的に非線形の影響をとらえる．モーメント修正アプローチ，モーメントフィッティングアプローチ等のバリエーションがある．	数的処理は比較的単純．精度もよい．多くのバリエーションがあるため，目的やデータの質にあった最適な方法を選ぶ必要がある．

分布の分散を計算する段階で，(3.27)式の第1項と第2項の相関をどのように定義するかによって，いくつかの方法がある（表3.3）．最も一般的な方法（**デルタガンマ・ノーマルアプローチ**と呼ばれる）では，この2つの項を無相関のリスクファクターとみなして，将来価格または収益率の標準偏差を

$$\sigma_p = \sqrt{E^2\sigma_x^2 + (1/2)^2\Gamma^2\sigma_x^4} \qquad (3.29)$$

と処理する．この方法は発想がシンプルなためによく用いられているが，無相関の定義に無理があったり，他のリスクファクターと Γ 項の相関をどうするかなど，多くの問題を抱えている．それを改良することを目的として，**Wilsonのデルタガンマ法**（Wilson (1996)）や，**インプライド・デルタガンマ法**（Jamshidian and Zhu (1996)），**高モーメント・デルタガンマ法**（Zangari (1996 a), (1996 b)）などの方法が考案されている．

デルタガンマ・ノーマルアプローチについては5.2節においてさらに解説する．

BOX-5　分散共分散行列の多様性

(3.18), (3.24)式に示した，対角要素が分散，それ以外の要素が共分散で構成された行列を分散共分散行列という．この行列は近代統計学において重要な役割を担っており，様々な分析に用いられている．分散共分散行列が用いられる解析を以下に列挙する．

① 重回帰分析：　多変量の線形回帰分析．分散共分散行列の逆行列を求めることによってパラメータを求める．

② 主成分分析：　変数が多すぎる多変量データを，情報の損失をできるだけ少なくしながら縮約する．金融では金利データからリスクファクターを求めるときや，株価のマルチファクターモデルなどで利用されている．分散共分散行列の固有値問題を解くことによって，主成分を算出できる．

③ 一般化分散：　多数の変量のデータに関するばらつきを示す指標．すべての変数が1次従属である場合，一般化分散は0．すべての変数に相関がない場合は各変数の分散の積である．それ以外の場合，一般化分散は分散共分散行列の行列式によって求められる．

④ 共分散構造分析：　未知パラメータを含む関数によって定義された変数間の仮

説モデルを，データの当てはまりのよさをもとに検証する分析．広義には重回帰分析や主成分分析も含まれるが，一般には因果関係を検証するパス解析モデルや，共通因子を検出する因子分析などが代表例である．

⑤ ポートフォリオ理論： リスクを分散共分散行列を含む2次形式の関数と定義し，これを最小化することによって最適ポートフォリオを算出する方法．

3.4 ヒストリカル法

3.4.1 ヒストリカル法の概要と計算ステップ

ヒストリカル法は，過去に生じたマーケット変動が，将来もそのまま繰り返されると考え，リスクファクターおよび資産の過去の値を単純集計することによって，VaRを求める方法である（一部には違う定義の場合もある；3.4.3項を参照）．

この方法は，分散共分散法やモンテカルロ法と異なり，収益率（リスクファクター）の分布型は仮定していない．過去の市場収益率のヒストグラムをVaR計算時点に適用し，その形状からリスクを把握する．したがって，例えばオプションのリスクに代表される非線型リスクや非正規性のリスクも，同じ方法で計算することができる．そのため，第2章で述べたような正規性の検証も不要である．

しかし，「そのまま繰り返す」との仮定が正しいかが問題点となる．例えば，金利低下局面の「過去」をそのまま将来に引き延ばして考えるとすると，今後も低下すると考えることになる．また，構造が単純なため，観測期間が短いといったことの影響も他の方法に比較して受けやすい．

ヒストリカル法によるVaRの計算は次のとおりである（図3.3，図3.4参照）．

a．1資産の収益率データからVaRを計算する場合

まず，VaR評価時点からさかのぼり，過去の収益率データ（例えば250営業日分の日次データ）を採取する．

$$(\xi_1, \xi_2, \cdots, \xi_i, \cdots, \xi_{250}) \tag{3.30}$$

次に，この収益率集合について小さい順に並べかえていく．この順序に従ったk番目の収益率を$\dot{\xi}_k$とする．

$$(\dot{\xi}_1, \dot{\xi}_2, \cdots, \dot{\xi}_k, \cdots, \dot{\xi}_{250}) \tag{3.31}$$

その後各データ ξ_k が代表する確率水準（**階級値**）を算出する．例えば観測期間が250日の場合，最も小さいデータは0〜0.4%を代表する値で，階級値は0.2%である．同様に考えると，3番目に小さいデータが0.8〜1.2%を代表する値で，階級値が1%となる．

信頼水準を99%とすれば，小さい方から階級値が1%である3番目の収益率をVaRとする．よって，

$$\text{VaR}_{99} = \dot{\xi}_3 \tag{3.32}$$

b. 対象資産が複数存在する場合

過去の，m 個の資産の250日間の収益率データを得たとする．

$$\begin{pmatrix} \xi_{1,1} & \xi_{1,2} & \cdots & \xi_{1,t} & \cdots & \xi_{1,250} \\ \xi_{2,1} & \xi_{2,2} & \cdots & \xi_{2,t} & \cdots & \xi_{2,250} \\ \vdots & \vdots & \ddots & \vdots & \ddots & \vdots \\ \xi_{m,1} & \xi_{m,2} & \cdots & \xi_{m,t} & \cdots & \xi_{m,250} \end{pmatrix} \tag{3.33}$$

ここで，

$$\boldsymbol{x}_t = \begin{pmatrix} \xi_{1,t} \\ \xi_{2,t} \\ \vdots \\ \xi_{m,t} \end{pmatrix} \tag{3.34}$$

は t 日目の変動ベクトルである．現在のポートフォリオの資産比率ベクトルを

$$\boldsymbol{S} = \begin{pmatrix} s_1 \\ s_2 \\ \vdots \\ s_m \end{pmatrix} \tag{3.35}$$

として，t 日目の収益 r_t を計算する．

$$r_t = \boldsymbol{S}^t \boldsymbol{x}_t \tag{3.36}$$

これを1資産の場合と同様に昇順で並べかえ，新たな収益データを $\dot{r}_k$ とする．

$$\dot{\boldsymbol{r}} = (\dot{r}_1, \dot{r}_2, \cdots, \dot{r}_k, \cdots, \dot{r}_{250}) \tag{3.37}$$

そして，信頼区間が99%のVaRを求めるならば，1資産の場合と同じように，

3.4 ヒストリカル法

250日分の収益率データ

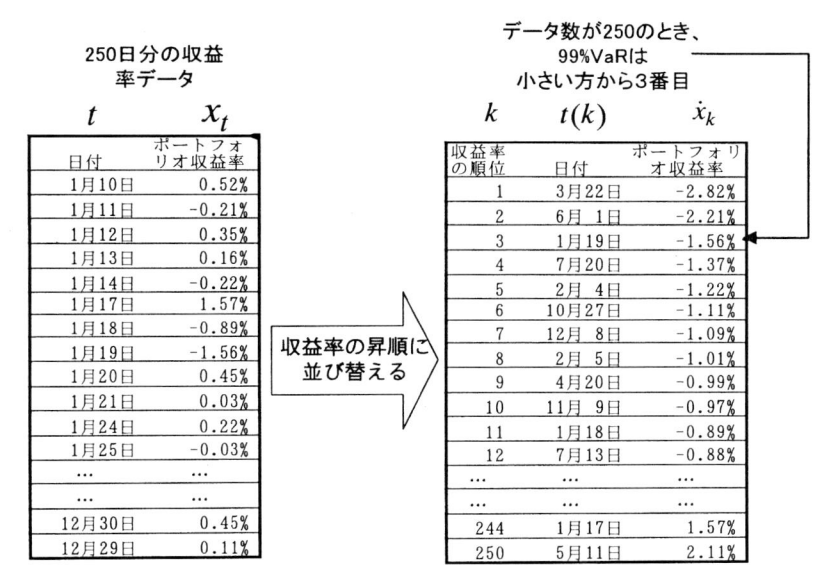

$t \quad x_t$

日付	ポートフォリオ収益率
1月10日	0.52%
1月11日	-0.21%
1月12日	0.35%
1月13日	0.16%
1月14日	-0.22%
1月17日	1.57%
1月18日	-0.89%
1月19日	-1.56%
1月20日	0.45%
1月21日	0.03%
1月24日	0.22%
1月25日	-0.03%
...	...
...	...
12月30日	0.45%
12月29日	0.11%

収益率の昇順に並び替える ⟹

データ数が250のとき、99%VaRは小さい方から3番目

$k \quad t(k) \quad \dot{x}_k$

収益率の順位	日付	ポートフォリオ収益率
1	3月22日	-2.82%
2	6月 1日	-2.21%
3	1月19日	-1.56%
4	7月20日	-1.37%
5	2月 4日	-1.22%
6	10月27日	-1.11%
7	12月 8日	-1.09%
8	2月 5日	-1.01%
9	4月20日	-0.99%
10	11月 9日	-0.97%
11	1月18日	-0.89%
12	7月13日	-0.88%
...	...	...
...	...	...
244	1月17日	1.57%
250	5月11日	2.11%

図 3.3 ヒストリカル法の算出方法

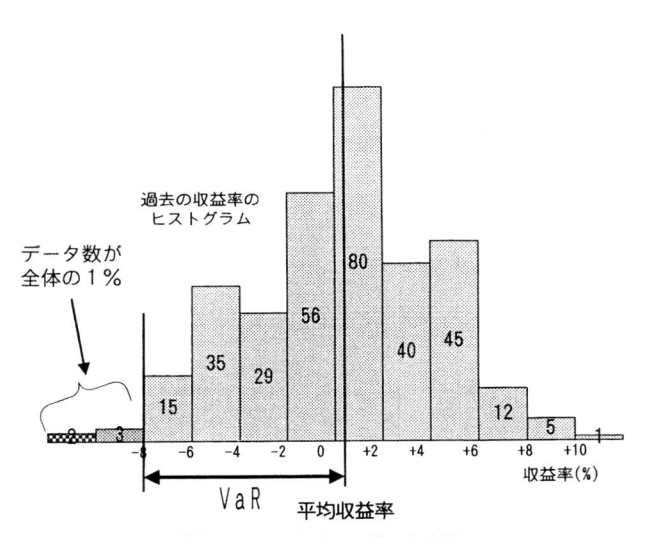

図 3.4 ヒストリカル法の分布型

$$\text{VaR}_{99} = \dot{r}_3 \tag{3.38}$$

である．

3.4.2 ヒストリカル法に対する批判と反論

ヒストリカル法に対する批判の最も重要な点は，過去の現象がそのまま同じ確率で将来も起こると仮定しているところにある．この仮定は直観的にも同意の得にくいものである．また，過去のデータの量が十分でない場合，収益率の分布型がいびつなものになり，説得力に欠けるという意見も多い．

しかしながら，これらの意見は他の方法にもいえることである．ヒストリカル法の計算処理が単純で，これらの問題点が直観的にわかりやすいため，指摘されていると思われる．例えば，過去の現象の繰返しを仮定している点についていえば，デルタ法では過去の共分散行列が今後も変化なしに続くと仮定している．同様に，モンテカルロ法では市場変動モデルのパラメータが過去も将来も一定であると仮定している．このように統計的なモデルによる将来の記述については，過去の状況が将来も続くと仮定することは避けられない．これは，あたりまえの話であるが，現在時点では過去のデータしか存在しないので，過去の何らかの構造の継続性を仮定しなければ，将来を記述することはできないのである．つまり，この種のヒストリカル法の批判は，過去の構造の継続性を仮定せずに将来を記述せよということであるが，それは「ないものねだり」でしかない．

データの量が十分でないときに対する批判についても，合理的ではない．なぜなら，データの不十分さは他の方法にとっても同様に重大な問題であるからである．データの量が十分でないとき，デルタ法の共分散行列や，モンテカルロ法の市場モデルのパラメータ推定は難しくなる．そのため，データ量の問題がヒストリカル法に対してよりシビアに効いてくるという論理には，明確な根拠はない．ただし，実際に VaR を求め，精度をテストしてみると，データ量が少ないときにはヒストリカル法の精度が最も悪くなる．原因は 2 つ考えられる．1 つは，異常値と思える極端な値が観測期間内に 3 日以上（観測期間 250 日のとき）ある場合．このとき VaR には極端な値が採用され，VaR の推計精度の成績を極端に悪くする．いま 1 つは，観測期間と VaR の信頼水準の関係から，整数番目の日の収益率の成績を採用できないとき．例えば，観測期間 300 日で VaR 信頼水準

1%のとき，3番目と4番目の間がVaRの値になるべきだが，その比率を合理的に算出することは困難である．そのため，単純にどちらかの数値を採用するか，加重平均するが，それには根拠がないため，精度低下の原因となっている．

しかし，観測期間を十分にとるならば，多くの仮定をおく分散共分散法やモンテカルロ法に比べて，ヒストリカル法は論理的な無理が少なく精度もよい．例えば，Mahoney (1996) や Jackson ら (1997) による研究では，ヒストリカル法はデルタ法に比較して明らかにすぐれていることを検証している．また，Allen (1994) や Jorion (1996) では，ヒストリカル法が fat-tail の記述にすぐれており，その結果 VaR を正確に求めることができることを理論面と実データの両方から示している．

しかし現在では，金融機関などのリスク管理部署で，このヒストリカル法の人気は高くない．筆者の想像であるが，この原因はデルタ法などのパラメトリックな方法に比較して，ヒストリカル法は手法が単純すぎて，モデリングのやりがいがないからかもしれない．

3.4.3 ブートストラップ法

ヒストリカル法の亜流として，ブートストラップ法がある．この2つの考え方はよく似ているため，混同されて紹介されている．文献によってはこの方法をヒストリカル・シミュレーション法と名づけていたりするが，一般的にはヒストリカル・シミュレーションは上述の単純なヒストリカル法を指す．そのため，文献の記述を理解するうえで，どちらの意味でヒストリカルという言葉を使っているか，注意が必要である．

さて，ブートストラップ法は Efron(1982) によって紹介された技術である．これをリスク計量化モデルに応用すると，ヒストリカルデータのデータセットから，重複を許す無作為抽出により新たなデータセットを作り分析する（図3.5）．このとき，新たなデータセットのデータ数は，ヒストリカル分析に用いたデータ数と同じにするところがポイントである．ヒストリカルデータはデータ採取期間（観測期間）から，1つのデータセットを得るだけであるが，ブートストラップ法は同じ期間から，違うデータセットをいくつも作ることができる．この作業を経ることにより，以下のようなメリットが発生する．

① ブートストラップ法によって推計された平均および標準偏差は，ヒストリ

カル法による標準偏差を反映したものになる．
② ブートストラップ法をデルタ法と比較すると，ヒストリカル法と同様に正規分布などの確率分布を仮定していないので，fat-tail などの非正規性の問題をより合理的に処理できる．
③ ブートストラップ法をヒストリカル法と比較すると，データセットの数をいくらでも増やせるため，データ数が少ないために生じていた推計誤差を弱めることができる．
④ ブートストラップ法では，推計された統計量（平均，標準偏差，VaR など）の推計誤差を正確に知ることができる．ヒストリカル法では，統計量の推定誤差を1つの値で表すことはできるが，それがどちらの方向にどの

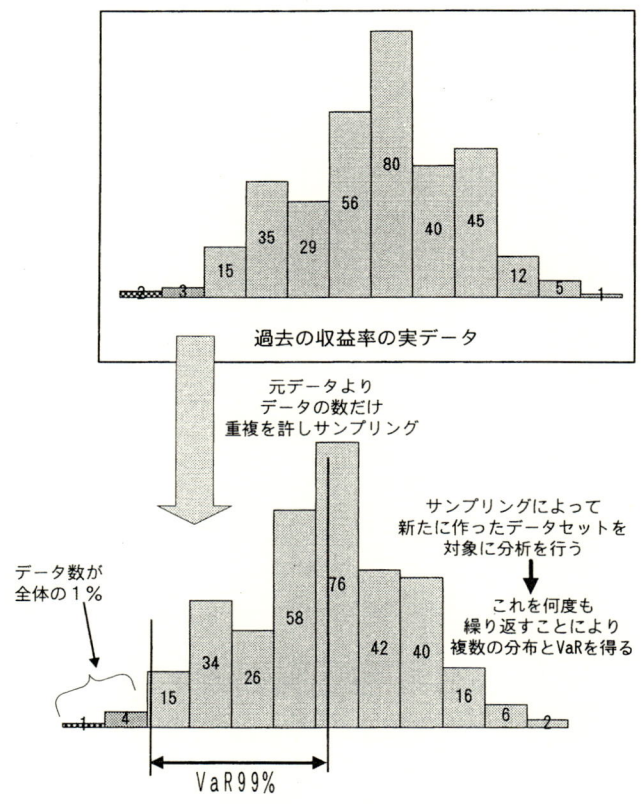

図3.5　ブートストラップヒストリカル法

ような形状で誤差を含んでいるのか，表すことができない．しかし，ブートストラップ法では推計誤差をヒストグラムのように，不定形の分布型で表すことができる．

ただし，ヒストリカル法と同様，データセットにない状況を想定することは不可能である．そのため，もともとのデータセットが小さすぎる場合，ブートストラップ法によっても正確な分析ができない．

最近の研究をみると，ブートストラップ法によるVaR推定は，ヒストリカル法に比較してよい推計精度を得られないという報告がある．Butler and Schachter (1996) は，複数のポジションによる，100日間の観測期間，1000回の再抽出という条件でブートストラップの精度を調べる実験を行った．その結果，平均，標準偏差推定の精度の低下がみられただけでなく，歪度，尖度といったVaR推計にとって重要な統計量についても，ヒストリカル法に比較して推計精度が悪いことを見いだしている．

BOX-6　ブートストラップ法の基本概念

Efronによって開発されたブートストラップ法は，入手した標本データより最大限の情報を引き出すための，統計シミュレーションの一種である．標本データから，乱数を用いたランダム抽出によって新たなデータセットを作成する．それを何度も繰り返すことにより，1つの標本データより，多量のデータセットを作成することができる．このデータセットを**ブートストラップ標本**という．この標本群に対して，何らかの統計モデルを適用することにより，一般的な統計解析に比較してより厳密な分析が行える．

例えば，ある統計モデル F のパラメータ θ が，標本 Ω（標本数 n）によって推計されるとしよう．一般的な分析では，1つの Ω に対して1つの推計値 $\hat{\theta}$ を得る．それに対してブートストラップ法の場合，ランダム抽出により標本数 n のデータを m 個作る ($\Omega'_1, \Omega'_2, \cdots, \Omega'_m$)．それぞれのブートストラップ標本 ($\Omega'$) に対して，統計モデル F のパラメータを推計すると，m 個の推計値 $\hat{\theta}'_1, \hat{\theta}'_2, \cdots, \hat{\theta}'_m$ を得る．一般的な分析では得られたパラメータは $\hat{\theta}$ だけであるため，その推定誤差は t 値などの統計量を参考にしなければならなかった．しかし，ブートストラップ法では m 個の推計値 $\hat{\theta}'_i$,

$\hat{\theta}_2, \cdots, \hat{\theta}_m$ を得ているため,パラメータ $\hat{\theta}$ の分布を知ることができ,より正確な評価を与えることができる.このように,ブートストラップ法によって作成された推定値の分布を,**ブートストラップ分布**と呼ぶ.

ブートストラップ法の対象となる推定値は,モデルの内生パラメータだけではない.モデルの信頼性を示す AIC,t 値,決定係数や,モデルによる予測値などもブートストラップ分布を求める対象になる.予測値に対するブートストラップ分布は,予測誤差が視覚的に把握できるため,その統計モデルが有用かどうかの判断を行いやすい.

ブートストラップ法は,統計モデルを用いるすべての場面で利用可能であるが,特に以下の状況のときに有効である.
① 統計モデル F が複雑であり,誤差を表す統計量を求めることが難しいとき
② 統計モデル F が非線形で,かつ標本 Ω の分布が非対称なとき
③ AIC,t 値などの統計量の信頼性を知りたいとき
④ 統計モデル F に比較してデータが少ないとき,または少ないおそれのあるとき
⑤ 統計モデル F の誤差に対する要求が非対称のとき.例えば,プラスにずれるのは問題ないが,マイナスにずれるのは避けたいなど.

3.5 モンテカルロ法

3.5.1 モンテカルロ法の概要と計算ステップ

モンテカルロ法は,乱数を用いて不確実な事象の結果をシミュレートする方法で,金融分野だけでなく,工学・その他の分野で頻繁に用いられている.金融以外の分野では,一般的にモンテカルロ・シミュレーションと呼ばれている.

まず,モンテカルロ法の流れを簡単に説明する.
① 乱数項(誤差項)を含む統計モデルを作成する.
② 乱数を発生し,モデルの乱数項(誤差項)に代入する.
③ 統計モデルのアウトプットを計算し,将来の市場指標やリスクファクターの変動を示すシナリオを作成する.
④ シナリオに従って,現在のポートフォリオに対する将来の損益を計算する.
⑤ 乱数発生と計算を十分な回数だけ繰り返す.
⑥ 得られたアウトプットを集計し評価を行う.

3.5 モンテカルロ法 63

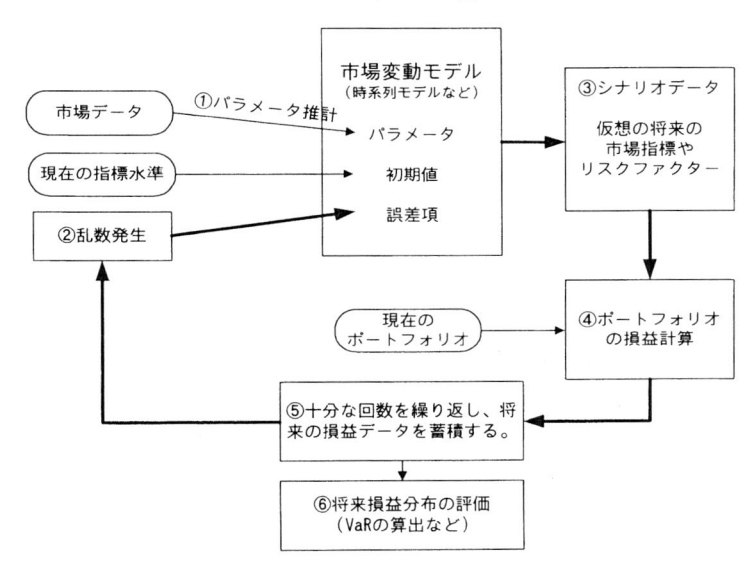

図3.6 モンテカルロ法の計算ステップ

すべてのモンテカルロ・シミュレーションは，以上のステップを踏むが，シミュレーションの目的や対象によって，統計モデルの内容や乱数の性質，評価の方法などが異なる．図3.6はモンテカルロ法によってVaRを計算する場合のフローである．具体的な作業ステップは①市場変動モデルの作成，②初期値の代入と乱数の発生，③④損益の計算，⑤シミュレーションの繰返し，⑥集計作業とVaRの計算である．以下に各ステップの作業と注意事項を具体的に述べる．

a. 市場変動モデルの作成

市場変動モデルは，モンテカルロ法の心臓部である．この市場モデルが妥当なものであるか否かで，モンテカルロ法の善し悪しが決まるといっても過言ではない．しかし，市場変動モデルは対象とする指標，資産や目的によって多くのバリエーションがあり，その選択を慎重に行わなくてはならない．VaRに関するいくつかの解説書には，確率分布のみを仮定し，分布からの無作為抽出を行う単純なモデルを説明していることが多い．しかし，モンテカルロ法は資産ごとの市場特性を表現した統計モデルを挿入できるところに長所があるため，単純すぎるモデルではモンテカルロ法を用いる意味がない．実際，実務的に使われているモデ

ルをみると，モデル製作者がそれなりの工夫をしているケースが多く，単純なモデルのみで計算している例は少ない．以下は少し複雑ではあるが，最も一般的なモデルの例である．

 i) 市場変動モデルは3つのサブモデルから構成される．1つは，為替レートや主要金利指標，株価指数などを表現する主要指標変動モデルである．2つめは為替オプション価格，金利オプションなどの派生的指標を主指標から算出するモデルで，3つめは個別銘柄の変動を指標の変動で説明する個別モデルである．

 ii) 主要指標変動モデルは多変量時系列モデルが用いられることが多い．特に線形構造を仮定した**ARMAモデル**（auto regressive moving-average model）を利用したモデルはよくみられる．最近は，株価指数や為替レート変動の研究が進み，**可変分散時系列モデル**であるGARCHモデルの利用がみられるようになった（3.5.4項に詳しく解説する）．

 iii) 派生指標の算出モデルについては，それぞれの特性に配慮した計算式が用いられる．その多くは，派生指標と現資産の指標との過去データによる非線形回帰モデルか，もしくは**ブラック-ショールズモデル**などの派生商品に関する価格理論を内包したモデルである．

 iv) 個別銘柄の変動に関するモデルは，主要指標系列を説明変数とした回帰モデルが一般的である．特に株式インデックスによって個別銘柄を説明する，**シングルインデックスモデル**はこのモデルの代表例である．

b．初期値の代入と乱数の発生

 将来の各指標や個別銘柄の価格を計算するには，モデルの変数に初期値を，市場変動モデルの乱数項に乱数発生プログラムから得られた数値を，それぞれ代入する必要がある．このステップで重要なのは，市場変動モデルの仮定にあった乱数を発生させうるかどうかである．

 一般に時系列モデルには複数の乱数が存在しており，それぞれの乱数間に何らかの統計的関係が存在する．特に，乱数間の相関関係の取扱いが，VaRの計算結果に与える影響は大きい．そこで，相関関係の存在する乱数を発生させる方法が不可欠である（3.5.5項参照）．

c．収益率の計算

 変動モデル，初期値，乱数が得られたならば，モデルのアウトプットとして将来の指標，個別銘柄の価格などが算出される．これに現在のポートフォリオの資

産比率をかけ合わせると将来のポートフォリオの価値やポートフォリオ全体の収益率が算出される．このステップの計算方法は，各資産の特性や会計的な規準（時価と簿価の扱い，現在価値で評価するか将来価値で評価するかなど）によって異なるが，具体的な計算式は本書の目的からすれば重要ではないので省略する．債券，株式，派生商品などを個別に解説した文献を参照されたい．

d．シミュレーションの繰返し

b.とc.で述べたステップを繰り返し行う．プログラム的には単にループ計算をするだけなので，技術的な問題はないであろう．ただ，重要なのは繰返し回数である．回数が多いほど計算結果は正確になるが，計算時間がかかる．特に派生商品の価格をシミュレーションで求めている場合，シミュレーションの2重ループとなり，計算時間が膨大になる．そのため，モンテカルロの繰返し回数を節約する必要がある．

それでは，99%VaRを計算するには最低どのくらいの計算回数が必要であろうか？　この答えは，市場モデルの性質と要求される精度によって異なる．しかし，あえて乱暴な独断でいうと，通常のVaRモデルでは1万～10万回程度で十分である．これは，時系列モデルが限られたデータから推定されているため，数万回のレベル以上になると，繰返し回数の少ないことによる推定誤差よりも，市場モデルや乱数発生のステップの影響の方が大きくなるからである．また，必要繰返し回数は乱数発生の方法によっても変わる．3.5.6項で乱数発生に関する解説をする．

e．集計作業とVaRの計算

繰り返した回数の数だけ，ポートフォリオの将来の収益がデータ（分布）として得られる．VaRはこのうち損失確率（通常1%）に相当するデータを計算結果として採用する．例えばシミュレーション回数1万回ならば，収益の低い順から数えて，100番目の収益が99%VaRである．

3.5.2　モンテカルロ法の正否のポイント

モンテカルロ法によってVaRを計算する場合，その計算精度に与える重要な要因は，現状に則した市場変動モデルを構築することができるかという点と，構築したモデルに則した乱数を正確に効率よく発生させられるかという点である．以前はコンピュータの性能の制約から乱数発生が効率よく行えず，モンテカルロ

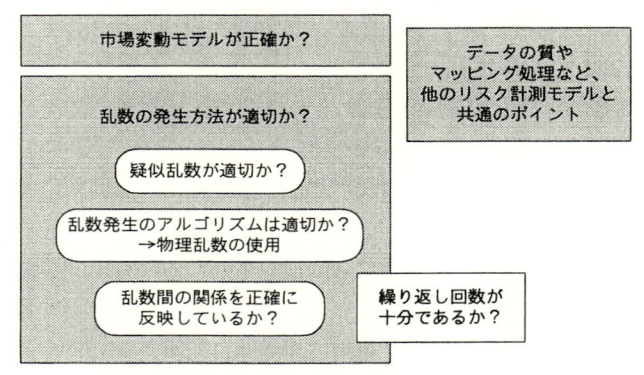

図3.7 モンテカルロ法の正否のポイント

法の採用を断念していたことがあった．また，乱数発生段階の困難さを考えて，市場モデルを簡略に作るといった工夫がなされていた．しかし，コンピュータ性能の改善と，**乱数発生アルゴリズム**の改良から，モデルに則した乱数発生は徐々に問題ではなくなった．実際，BIS規制における監査でも，乱数発生アルゴリズムに対しては，シミュレーション回数以外はあまり問題視されていない．しかし，市場モデルが複雑である場合，乱数発生アルゴリズムを不正確に行うと，結果に与える影響は意外に大きい．

以下にこの2つの点について典型的なアプローチを解説しよう．

3.5.3 モンテカルロ法の市場変動モデル（固定分散のモデル）

モンテカルロ法のバリエーションは，市場変動モデルをいかにして構築するかという点が最も重要視される．以下に，最も多用されているARMAモデルを用いたモデルを解説する．

ARMAモデルは，t日における収益率を被説明変数X_tとし，t日より前のデータセットを用いてX_tの挙動を説明しようと試みるものである．時系列データX_tを過去の観測値X_{t-j}と白色雑音ε_{t-j}の現在および過去の値の線形和で表現したモデル

$$X_t = \sum_{j=1}^{m} a_j X_{t-j} + \varepsilon_t - \sum_{j=1}^{l} b_j \varepsilon_{t-j} \qquad (3.39)$$

は，自己回帰移動平均（**ARMA**）モデルと呼ばれる．ただし，m と a_j はそれぞれ，自己回帰の次数，**自己回帰係数**と呼ばれる．また，l と b_j は移動平均の次数および**移動平均係数**と呼ばれる．2つの次数をまとめて (m, l) 次の ARMA モデルと呼ぶ．また，ε_t は $N(0, \sigma^2)$ に従う白色雑音で，時系列の過去 X_{t-j} と独立と仮定する．すなわち，ε_t は次の条件を満たすものとする．

$$\begin{aligned}
&E(\varepsilon_t) = 0 \\
&E(\varepsilon_t^2) = \sigma^2 \\
&E(\varepsilon_t \varepsilon_{t'}) = 0 \quad (t \neq t') \\
&E(\varepsilon_t X_{t'}) = 0 \quad (t > t')
\end{aligned} \quad (3.40)$$

ARMA モデルのパラメータ推計には最尤法が用いられるが，ここでは具体的な推定方法の説明は省略する（北川 (1993) 参照）．収益率分布に ARMA モデルを当てはめれば，ある程度の収益率変動をモデルで説明することができるので，単純なデルタ法より，収益率の推定標準偏差を小さく見積もることができる．また，単純な収益率分布より，ARMA モデル誤差分布の方がより正規分布に近くなり，その場合正規分布を仮定したことによって起こる様々な不都合がより軽減される．

なお，誤差 ε_t の分布に独立で同一な正規分布を仮定するため，モデルの推定標準偏差は，観測期間の中では同一である．これは一見厳しい仮定であるため，この仮定をはずした可変分散モデルが提案されている．また，ARMA モデルにはモデルの次数 m, l に様々なバリエーションが存在する．したがって AIC などを用いてモデル選択，変数選択を行う必要がある．

3.5.4 モンテカルロ法の市場変動モデル（可変分散のモデル）

上で説明した ARMA モデルにおいては，モデルの誤差項が時間 t に対して一定であるという仮定をおいていた．しかし実際の金融市場の動きは，ある時期大きく変動する期間が続いたかと思うと，しばらく変動が小さい期間が続く，といった傾向がある．つまり，市場のボラティリティがある一定の法則のもとに変化しているとみることができる．このような市場の動きをモデル化したものが，**可変分散時系列モデル**である．可変分散時系列モデルはモンテカルロ法以外にも，オプションのプライシングモデルなどに応用されており，市場分析のための時系

3. リスク計測モデルの基本構造

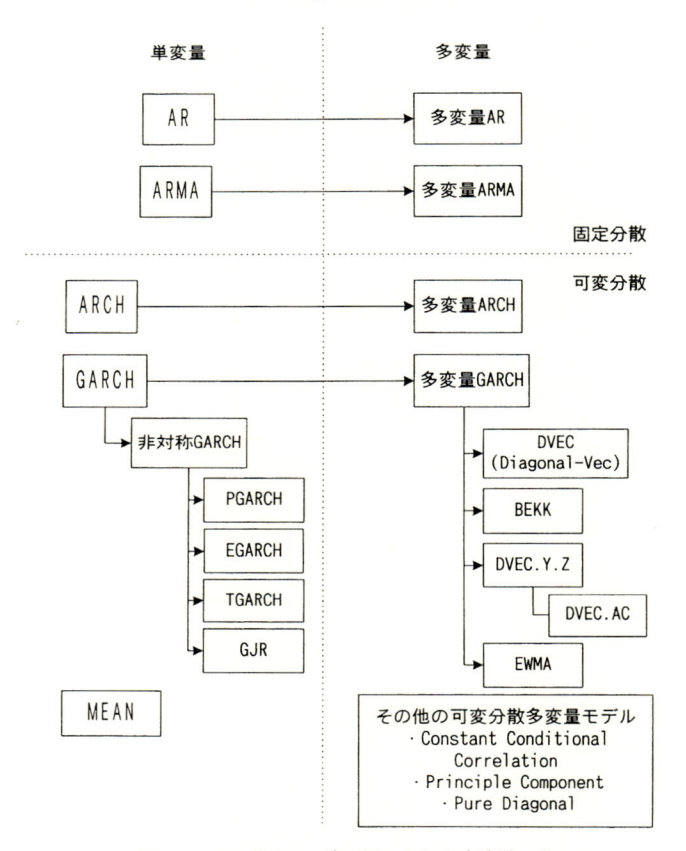

```
         単変量              多変量

         ┌────┐            ┌──────────┐
         │ AR │ ─────────→ │ 多変量AR  │
         └────┘            └──────────┘

         ┌──────┐          ┌────────────┐
         │ ARMA │ ───────→ │ 多変量ARMA │
         └──────┘          └────────────┘
                                         固定分散
─ ─ ─ ─ ─ ─ ─ ─ ─ ─ ─ ─ ─ ─ ─ ─ ─ ─ ─ ─ ─ ─ ─ ─
                                         可変分散
         ┌──────┐          ┌─────────────┐
         │ ARCH │ ───────→ │ 多変量ARCH   │
         └──────┘          └─────────────┘

         ┌───────┐         ┌──────────────┐
         │ GARCH │ ──────→ │ 多変量GARCH  │
         └───────┘         └──────────────┘
             │                    │
             ↓                    ↓
      ┌──────────────┐      ┌──────────────┐
      │ 非対称GARCH  │      │ DVEC         │
      └──────────────┘      │ (Diagonal-Vec)│
             │              └──────────────┘
             ├─→ PGARCH     ┌──────┐
             ├─→ EGARCH     │ BEKK │
             ├─→ TGARCH     └──────┘
             └─→ GJR        ┌───────────┐
                            │ DVEC.Y.Z  │
      ┌──────┐              └───────────┘
      │ MEAN │                   │
      └──────┘                   └─→ DVEC.AC
                            ┌──────┐
                            │ EWMA │
                            └──────┘

                  その他の可変分散多変量モデル
                    ・Constant Conditional
                         Correlation
                    ・Principle Component
                    ・Pure Diagonal
```

図 3.8 モンテカルロ法で用いられる時系列モデル

列モデルとしては，ARMA モデルに代わり主役になりつつある．以下に，可変分散時系列モデルのいろいろなバリエーションを説明する．

可変分散モデルは，ある金融資産の t 期の収益率を x_t としたとき，次のように定義されたモデルを前提としている．

$$x_t = \mu + \varepsilon_t \tag{3.41}$$

ただし，$\mu = E[x_t]$，また ε_t は誤差項である．ここでこれまでのモデルでは誤差として扱われている ε_t についてさらにモデル化する．今，μ_t を互いに独立で平均 0，分散 1 の正規分布に従うものとすると，$\varepsilon_t = \sigma_t \mu_t$ という積過程で書くこ

とができる．可変分散モデルではこの条件つき分散 σ_t^2 について，新たに時系列モデルを定義したもので，通常の時系列モデルのように多くのバリエーションがある．以下ではそのうち金融分野においてモンテカルロ法によく用いられるモデルを紹介する．なお以下の解説は平田(1999)に従い，若干の修正を加えた．

a．ARCH モデル

ARCH(p) (autoregressive conditional heteroskedasticity) モデルは，Engle (1982) によって提案された．このモデルは積過程における条件つき分散を以下のように定義したもので，可変分散モデルの最も基本的なモデルである．

$$\sigma_t^2 = a + \sum_{i=1}^{p} a_i \varepsilon_{t-i}^2 \tag{3.42}$$

このとき ARCH(p) モデルの定常性が保証される十分条件は $\sum_{i=1}^{p} a_i < 1$, $a > 0$, $a_i > 0$ である．この条件を満たさなければ σ_t^2 が発散する可能性がある．また，このモデルは誤差分散をあたかも AR モデルの時系列データのごとく定義しており，一般の時系列モデルが AR モデルをもとにバリエーションを広げているように，以下に示すモデルもこの ARCH モデルを拡張したものと考えられる．

b．GARCH モデル

Bollerslev (1986) によって提案された GARCH(p, q) (generalized ARCH) モデルは，積過程における条件つき分散 σ_t^2 を，以下のように条件つき分散の過去の値 σ_{t-i}^2 を加味して説明することにより，ARCH モデルを拡張したものである．

$$\sigma_t^2 = a + \sum_{i=1}^{p} a_i \varepsilon_{t-i}^2 + \sum_{i=1}^{q} b_i \sigma_{t-i}^2 \tag{3.43}$$

この GARCH(p, q) モデルの定常性が保証される条件は，

$$\sum_{i=1}^{p} a_i + \sum_{i=1}^{q} b_i < 1, \quad a > 0, \quad a_i > 0, \quad b_i > 0 \tag{3.44}$$

である．

GARCH モデルは一般の時系列モデルでいえば ARMA モデルに相当するもので，金融分野の可変分散モデルの中で最もポピュラーなモデルになっている．

c．非対称 GARCH モデル

金融資産の収益率のボラティリティは負の系列相関があり，資産価格が上昇した日の翌日よりも下落した日の翌日の方が上昇する傾向にあることが過去の研究より明らかになっている．GARCH モデルにはこのようなボラティリティ変動の非対称性を表現することができないという欠点がある．以下で紹介するモデルは，そのような欠点を補うためボラティリティ変動の非対称性を取り入れたモデルである．主要なものは条件つき分散を以下のように定義したものである．

i) **PGARCH モデル**： Taylor (1986), Ding et al. (1993) によって提案された PGARCH (power GARCH) モデルは，積過程における条件つき分散を以下のように定義したモデルである．

$$\sigma_t^d = a + \sum_{i=1}^{p} a_i (|\varepsilon_{t-i}| + \gamma_i \varepsilon_{t-i})^d + \sum_{i=1}^{q} b_i \sigma_{t-i}^d \qquad (3.45)$$

GARCH モデルの ε_t に関する項を，対称成分 $|\varepsilon_{t-i}|$ と非対称成分 ε_{t-i} に分割して定義している．なお，式中の γ は非対称性の程度を示すパラメータである．

ii) **EGARCH モデル**： Nelson (1989) によって提案された EGARCH (exponential GARCH) モデルは，積過程における条件つき分散を以下のように定義したモデルである．

$$\ln \sigma_t^2 = a + \sum_{i=1}^{p} a_i \frac{|\varepsilon_{t-i}| + \gamma_i \varepsilon_{t-i}}{\sigma_{t-i}} + \sum_{i=1}^{q} b_i \ln \sigma_{t-i}^2 \qquad (3.46)$$

すなわち，PGARCH が対数軸上を変動するといったイメージで作られている．対数変換を行っているため，他のモデルと異なり係数の非負条件がないところが特徴である．

iii) **TGARCH モデル**： Zakoian (1994) によって提案された TGARCH (threshold GARCH) モデルは，積過程における条件つき分散を以下のように定義したモデルである．

$$\sigma_{t-i}^\alpha = a + \sum_{i=1}^{p} a_i \varepsilon_{t-i}^\alpha + \sum_{i=1}^{p} \gamma_i \delta_{t-i} \varepsilon_{t-i}^\alpha + \sum_{i=1}^{q} b_i \sigma_{t-i}^\alpha \qquad (3.47)$$

ただし，δ_{t-i} は $\varepsilon_{t-i} < 0$ のときに 1，その他のときに 0 となるダミー変数である．このダミー変数によって非対称性を示している．また，α 乗のモーメントを対象としたモデルのため，自由度は高いが，実際には使いにくい．

iv) **GJR モデル**： Glosten et al. (1993) によって提案された GJR (Glosten-Jagannathan-Runkle) モデルは，積過程における条件つき分散を以下のように定義したモデルである．

$$\sigma_{t-i}^2 = a + \sum_{i=1}^{p} a_i \varepsilon_{t-i}^2 + \sum_{i=1}^{p} \gamma_i S_{t-i} \varepsilon_{t-i}^2 + \sum_{i=1}^{q} b_i \sigma_{t-i}^2 \qquad (3.48)$$

これは iii) の TGARCH モデルにおいて $\alpha = 2$ としたものと同一である．

d. MEAN モデル

これまでのモデルが分散 δ に対して定義されているのに対し，MEAN モデルはもともとの変数 x_t に関するモデルである．収益率の平均 $\mu = E[x_t]$ に，$\pi_0 g(\sigma_t)$ という誤差 ε_t の条件つき標準偏差 σ_t に関する項をつけ加えることによって可変分散モデルとして拡張している．ただし，通常は $g(\sigma_t) = \sigma_t$ を用いる．つまり収益率を

$$x_t = \mu + \pi_0 \sigma_t + \varepsilon_t \qquad (3.49)$$

としたものであり，δ_t を再定義することによって，これまでに述べたすべてのモデルを拡張することができる．

e. 多変量 GARCH モデル

これまで単変量の可変分散モデルを解説したが，実際に用いる時系列モデルは多変量のものが理想的である．ただ，モデルが複雑なため必ずしも普及しているわけではない．その中で最も基本的な多変量 GARCH モデルは，ある p 個の金融資産の t 期の収益率ベクトルを $\boldsymbol{x}_t$ とし，次のようにモデル化したものである．

$$\boldsymbol{x}_t = \boldsymbol{m} + \boldsymbol{e}_t \qquad (3.50)$$

ただし，$\boldsymbol{m} = E[\boldsymbol{x}_t]$，また $\boldsymbol{e}_t$ は誤差項である．ここで，$\boldsymbol{u}_t$ を平均 0，共分散行列 $\boldsymbol{I}_p$（$\boldsymbol{p} \times \boldsymbol{p}$ の単位行列）の多変量正規分布または多変量 t 分布に従うものとすると，単変量の場合と同様に

$$\boldsymbol{e}_t = V_t \boldsymbol{u}_t$$

という積過程で書くことができる．ここで V_t は条件つき共分散行列であり V をいかに定義するかによって多変量 GARCH モデルのバリエーションが生まれる．

i) **DVEC モデル**： Bolleresley et al. (1988) によって提案された DVEC (diagonal-Vec) モデルは，多変量 GARCH モデルの中で最も一般的なモデルである．(3.51) 式における条件つき共分散行列 V_t は一般的に以下のように書

ける.

$$V_t = A + \sum_{i=1}^{p} A_t \otimes (e_{t-i} e_{t-i}^T) + \sum_{i=1}^{q} B_i \otimes V_{t-i} \tag{3.52}$$

ここで，$\otimes$ はアダマール積（各要素ごとの積）である．A は定数項の行列で単変量 GARCH （(3.43) 式）の a に相当するパラメータである．同様に A_t, B_i は a_t, b_i に相当するパラメータである．

ii) **BEKK モデル**： Engle and Kroner (1993) によって提案された．BEKK モデルの条件つき共分散行列 V_t は一般的に以下のように書ける．

$$V_t = AA^T + A_1(e_{t-1} e_{t-1}^T) A_1^T + B_1 V_{t-1} B_1^T \tag{3.53}$$

各係数行列 A, A_1, B_1 のそれぞれに対して転置行列が組になって積をなしていることから，V_t は対称性のある変量として定義されている．

iii) **DVEC. Y. Z (Diagonal) モデル**： Ding (1994), Bollereslev et al. (1994) らによって提案されたモデルであり，条件つき共分散行列 V_t は

$$\begin{aligned} V_t &= AA^T + A_1 A_1^T \otimes (e_{t-1} e_{t-1}^T) + B_1 B_1^T \otimes V_{t-1} \\ V_t &= AA^T + a_1 a_1^T \otimes (e_{t-1} e_{t-1}^T) + b_1 b_1^T \otimes V_{t-1} \\ V_t &= AA^T + a_1 (e_{t-1} e_{t-1}^T) + b_1 V_{t-1} \end{aligned} \tag{3.54}$$

で表される．(A, a, a) と (B, b, b) の 2 つの係数が行列，ベクトル，スカラーのバリエーションを持つため，合計 9 通りのパターンが考えられる．

iv) **CCC モデル**： CCC (constant-conditional correlation) モデルは Baillie and Bollereslev (1987) によって提案されたモデルであり，(3.51) 式における V_t は以下のように定義される．

$$V_t = D_t R D_t \tag{3.55}$$

ここで R は多変量時系列の条件つき相関行列である．また，$D_t = \text{diag}\{\sigma_{1t}, \cdots, \sigma_{dt}\}$ である．このモデルは V_t を時間に依存しない R と変動要素 D_t に分解したものである．

v) **DIAG (pure diagonal) モデル**： V_t を以下のように表すのが pure diagonal モデルである．

$$V_t = \text{diag}\{\sigma_{1t}^2, \cdots, \sigma_{dt}^2\} \tag{3.56}$$

CCC をさらに単純化したモデルであるが，単純化によって必要な要素も抜ける

3.5.5 相関のある乱数列の作り方（コレスキー分解）

モンテカルロ法における乱数の発生は，仮定した時系列モデルのランダム項（誤差項）の定義に従って発生させなければならない．多変量の時系列モデルでは，一般に誤差項間に相関がある．モンテカルロ法のシミュレーションにおいて誤差項間に相関があるにもかかわらず，独立とみなして乱数を発生させると，正確な結果を算出することができない．そこで，誤差項が複数存在するようなモデル化を行った場合，誤差項間の相関係数を確認しておき，その相関係数に従った乱数を発生させる方法がとられる．最も一般的な方法は，**コレスキー分解**といわれるもので，独立の乱数列を一次変換することによって得られる．

a．誤差項が2つの場合

今，e_1, e_2 を乱数発生プログラムより作成された平均 0，分散 1 の互いに独立な正規乱数とする．ここで，

$$\begin{pmatrix} \varepsilon_1 \\ \varepsilon_2 \end{pmatrix} = \begin{pmatrix} 1 & 0 \\ \rho & \sqrt{1-\rho^2} \end{pmatrix} \begin{pmatrix} e_1 \\ e_2 \end{pmatrix} \qquad (3.57)$$

という 1 次変換を行い $\varepsilon_1, \varepsilon_2$ を計算すると，

$$E[\varepsilon_1] = E[e_1] = 0$$
$$E[\varepsilon_2] = \rho E[e_1] + \sqrt{1-\rho^2} \cdot E[e_2] = 0$$
$$E[\varepsilon_1^2] = E[e_1^2] = 0$$
$$E[\varepsilon_2^2] = E[\rho^2 e_1^2 + 2\rho\sqrt{1-\rho^2} \cdot e_1 e_2 + (1-\rho^2)e_2^2]$$
$$= \rho^2 E[e_1^2] + 2\rho\sqrt{1-\rho^2} \cdot E[e_1 e_2] + (1-\rho^2)E[e_2^2]$$
$$= \rho^2 + (1-\rho^2) = 1$$
$$\mathrm{Cov}(\varepsilon_1, \varepsilon_2) = E[\varepsilon_1 \varepsilon_2]$$
$$= E[\rho e_1 e_1 + \sqrt{1-\rho^2} \cdot e_1 e_2]$$
$$= \rho \times 1 + \sqrt{1-\rho} \times 0 = \rho$$

となり，ε_1 と ε_2 は相関係数 ρ，それぞれ平均 0，分散 1 の正規乱数となる．

b．誤差項が3つ以上の場合

$e = (e_1, e_2, \cdots, e_n)$ を独立な乱数とし，以下の 1 次変換を行う．

$$\varepsilon = Ae \tag{3.58}$$

ただし，行列 A の行列成分を a_{ij} とするとき，A は

$$a_{11} = \sqrt{\rho_{11}} = 1$$
$$a_{i1} = \rho_{i1} \qquad (i = 2, \cdots, n)$$
$$a_{jj} = \sqrt{\rho_{jj} - \sum_{k=1}^{j-1} a_{jk}^2} \qquad (i = 2, \cdots, n)$$
$$a_{ij} = \frac{1}{a_{jj}}\left(\rho_{ij} - \sum_{k=1}^{j-1} a_{ik} a_{jk}\right) \quad (j < i, \ i = 2, \cdots, n-1) \tag{3.59}$$

となる下三角行列である．このとき ε の成分 $(\varepsilon_1, \varepsilon_2, \cdots, \varepsilon_n)$ は，平均ベクトル 0，または以下の相関行列を持つ正規分布に従う乱数となる．

$$\begin{pmatrix} 1 & \rho_{12} & \cdots & \rho_{1n} \\ \rho_{12} & 1 & \cdots & \rho_{2n} \\ \vdots & \vdots & \ddots & \vdots \\ \rho_{1n} & \rho_{2n} & \cdots & 1 \end{pmatrix} \tag{3.60}$$

ただし，このコレスキー分解による誤差項間の関連づけは，その関係の線形成分のみ表現できる．つまり，誤差項間に非線形の関係が顕著である場合は，コレスキー分解は適さない．その場合，誤差項間に新たな非線形モデルを仮定して，乱数間の関係を維持する必要がある．

3.5.6 シミュレーション回数と収束精度

モンテカルロ法による VaR の推定精度は，繰返し回数や乱数の発生方法（図3.9 参照）にも依存する．モンテカルロ・シミュレーションを用いた分析では，繰返し回数を増やせば増やすほど，正値に近づくといわれる．しかし，実際は正値に近づくのではなく，想定したモデルの収束値に近づくというべきであって，モデルが正確でなければ（多くの場合モデルは真実を表してはおらず，ある仮定のもとで成り立っているにすぎない），繰返し回数を極端に増やしてもよい結果は得られない．そのため，想定したモデルの精度や仮定の厳しさを考慮して，現実的な繰返し回数を設定すべきである．

しかし，モデルが十分に合理的であれば，やはり繰返し回数は多めに設定すべきであろう．特に近年，コンピュータの性能向上や乱数発生技術の進歩により，

繰返し回数を十分に大きくする傾向がある．そもそも，モンテカルロ法の誤差は

$$E[(\tilde{Y} - Y)^2] = O\left(\frac{1}{\sqrt{n}}\right) \tag{3.61}$$

$\tilde{Y}$：モンテカルロ法による統計量
Y：求める値の収束値（モデルの真値）
n：シミュレーション回数
$O(\ )$：モンテカルロ法の収束関数

と表されるが，一般に O は増加関数であり，シミュレーション回数が多いほど，誤差 $E[(\tilde{Y} - Y)^2]$ は小さくなる．その速度は，求めようとする統計量によって異なり，通常の金融のモデルでは，高次の統計量ほど収束速度が遅い（鳥居(1999)）．

a．準乱数法

従来，モンテカルロ法の問題点として，収束速度が遅いため計算負荷が大きいことがあげられている．そこで，ランダムに乱数を与えるのではなく，ある一定の規則に従って作られた乱数を発生させることにより，シミュレーション回数の少なさによる誤差を防ぐ方法が提案されている．これを**準乱数法**（quasi-random method）と呼び，発生させた乱数を**準乱数**と呼ぶ．ただし，準乱数は規則的に算出されるため，実際は乱数ではない．例えば $[0,1]$ の一様乱数の準乱数は，ゼロと1の間に規則的（"even"）に散らばっている（詳しくは森平，小島(1997) を参照）．

この方法でモンテカルロ・シミュレーションを行うと，収束速度は，

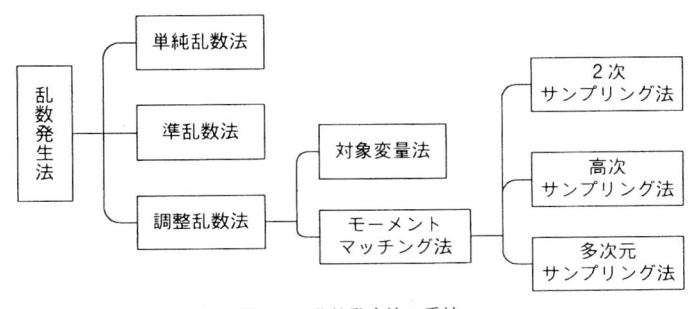

図 3.9 乱数発生法の系統

$$E[(\tilde{Y} - Y)^2] = O\left(\frac{(\log n)^d}{n}\right) \qquad (3.62)$$

d：モデルの次元（ランダム変数の数）

となり，d が小さい低次元のモデルにおいては大きな成果を発揮する．そのため，オプションのプライシングなどを他の変量から求める場合などに有効である．

b．調整乱数法

準乱数法はモデルの次元が高次になると収束速度が遅くなる．そのため，VaRなどの大規模なシミュレーションには向かない．そこで考えられた手法が，作為的に調整された乱数を使用する方法である．**調整乱数法**（adjusted random method）は，乱数列のいくつかは実際にランダムに発生させるが，一部の乱数列では一定の規則によって計算された結果を使う方法である．

調整乱数法の中で最も単純な方法である**対称変量法**は，乱数を作るたびに符号を反転させてもう1つの乱数を作る方法である．非常に単純な方法であるが，平均や歪度などの奇数次のモーメントを0にすることが可能になる．正規乱数などの歪度が0という条件が重要な場合に利用される．ただし，偶数次の収束速度は若干ではあるが悪くなるという欠点がある．

偶数次のモーメントを収束させる方法として，**モーメントマッチング法**があげられる．この方法は，まず目的の個数分の乱数を発生させてから，乱数系列全体の総計量を計算し，その分の補正を加える．補正を加える際のマッチング対象によって，様々なバリエーションができる．このうち金融分野で最も重要な対象は2次モーメントであり，それをマッチングさせる方法を**2次サンプリング法**という．この方法では，分散（標準偏差）を完全に一致させることができ，前述の対称変量法と併用することにより，平均・分散の一致を達成することが可能となる．しかし，このモーメントマッチング法を利用すると，マッチング対象にならなかった統計量が逆に悪化することがある（悪化することの方が多い）．例えば，2次サンプリング法と対称変量法を組み合わせた場合，3次モーメント（歪度）までは完全に表現できるが，4次モーメントはその分悪化する（表3.4）．そのため，分析目的によってはかえって，シミュレーションの精度を悪化させることもあり得る．つまり，調整乱数法を採用する場合，やみくもにマッチングさせる統計量を増やすのではなく，分析目的を考慮して，適切なマッチング法もしくは調

3.5 モンテカルロ法

表 3.4 調整乱数法の効果

①求めたい多変量正規乱数列

基本統計量

	系列 1	系列 2	系列 3
平均（1 次モーメント）	0.01	0.02	0.03
標準偏差（2 次モーメント）	0.2983	0.2408	0.2121
歪度（3 次モーメント）	0.0	0.0	0.0
尖度（4 次モーメント）	0.0	0.0	0.0

相関係数行列

	系列 1	系列 2	系列 3
系列 1	1.0	0.5484	0.5001
系列 2		1.0	0.6882
系列 3			1.0

②原始的なモンテカルロ法（単純乱数法）：試行回数 100 回

基本統計量

	系列 1	系列 2	系列 3
平均（1 次モーメント）	0.0521	0.0271	0.0376
標準偏差（2 次モーメント）	0.2916	0.2291	0.1986
歪度（3 次モーメント）	−0.0610	0.3970	0.4114
尖度（4 次モーメント）	−0.3067	0.1764	0.5591

相関係数行列

	系列 1	系列 2	系列 3
系列 1	1.0	0.4741	0.4586
系列 2		1.0	0.7113
系列 3			1.0

③対称変量法を使用：試行回数 100 回

基本統計量

	系列 1	系列 2	系列 3
平均（1 次モーメント）	**0.01**	**0.02**	**0.03**
標準偏差（2 次モーメント）	0.2896	0.2339	0.2131
歪度（3 次モーメント）	**0.0**	**0.0**	**0.0**
尖度（4 次モーメント）	−0.1315	−0.2108	−0.0460

相関係数行列

	系列 1	系列 2	系列 3
系列 1	1.0	0.5805	0.5241
系列 2		1.0	0.7402
系列 3			1.0

④2 次サンプリング法を使用：試行回数 100 回

基本統計量

	系列 1	系列 2	系列 3
平均（1 次モーメント）	**0.01**	**0.02**	**0.03**
標準偏差（2 次モーメント）	**0.2983**	**0.2408**	**0.2121**
歪度（3 次モーメント）	0.0047	0.4003	0.5756
尖度（4 次モーメント）	0.0	0.0	0.0

相関係数行列

	系列 1	系列 2	系列 3
系列 1	1.0	**0.5484**	**0.5001**
系列 2		1.0	**0.6882**
系列 3			1.0

⑤対称変量法と 2 次サンプリング法の併用：試行回数 100 回

基本統計量

	系列 1	系列 2	系列 3
平均（1 次モーメント）	**0.01**	**0.02**	**0.03**
標準偏差（2 次モーメント）	**0.2983**	**0.2408**	**0.2121**
歪度（3 次モーメント）	**0.0**	**0.0**	**0.0**
尖度（4 次モーメント）	−0.7300	1.1949	0.156

相関係数行列

	系列 1	系列 2	系列 3
系列 1	1.0	**0.5484**	**0.5001**
系列 2		1.0	**0.6882**
系列 3			1.0

シミュレーション結果は鳥居秀行(1999)より転載．尖度については正規分布＝0 に定義．
太字は基本統計量にマッチングさせた部分．

整乱数法を検討すべきである．もし，マッチング法の適切さを評価することができない場合は，単純乱数法で処理するのも一考に値するであろう．

BOX-7　乱数発生のアルゴリズム

現在，ほとんどのプログラム言語やシミュレーション言語には，乱数発生のコマンドが付属されている．モンテカルロ・シミュレーションをする際，これらの乱数コマンドを利用することが最も簡単な方法である．しかし，一般にこれらの乱数コマンドは，ある一定のアルゴリズムによって作られた数値であり，本当の意味での乱数ではない．このような人工的に作られた乱数を**疑似乱数**という．疑似乱数の作成のアルゴリズムは様々ではあるが，コンピュータ自身がランダム性を有しているのではないので，いつかは初期値に戻ってくる．そのため，ランダムな乱数列を発生させるはずが，周期性を持った規則のある数列を作っているにすぎないことになってしまう．たまたま，疑似乱数列の周期とモデルがシンクロすると，シミュレーション結果に多大なバイアスを加えることになる．

このような弊害を抑えるには，アルゴリズムにより求められる疑似乱数を放棄して，**物理乱数発生器**を用いることが理想的な手段である．しかし，物理乱数発生器はまだ特殊なハードウエアといわざるを得ず，多くの分析者にとってその購入は妥当な判断とはいえない．そのため，この問題を避けるには，できるだけ再現性のない（周期が長い）疑似乱数の発生法を選択する必要がある．たとえば，西村拓士によるメルセンヌツイスターなどは，疑似乱数の長周期化に対応した乱数発生ソフトである．

3.6　ストレステスト

3.6.1　ストレステストの概要

ここまで，リスク計測の基本となる3つの計算方法を解説した．これらのリスク計測のメインストリームとは別に，ストレステストという全く違った概念のリスク計量化法がある．方法論としては単純で，しかも統計学的な裏づけはない方法であるが，直観的に結果を理解しやすいため，BIS規制をはじめ多くの場面

で利用されている．

リスク計量化モデルでは，観測期間と呼ばれるデータ収集期間を設け，その期間内に起こった変動をもとに分析を行ってきた．このような分析方法では，1987年の株価大暴落（ブラックマンデー）などの大幅なマーケット変動に対する分析は，それが観測期間に入っていない限り行えない．ブラックマンデーのようなマーケット変動を「ストレス」という．また，市場において何らかのショックが発生し，これが次々にショックの連鎖を生み出していくプロセス，いわゆるシステマティック・リスクが顕在化した場合などにも，ストレスが起こったということができる．そして，ストレスが起こったときのポートフォリオのリスクを測ることを，「ストレステスト」という．

ストレスが起こった場合，そのリスクを過去のデータより導くことは適切でない．例えばブラックマンデー時の株式の日次下落率は，それ以前の分布の5～20シグマと計算され，「その発生確率は数万年に1回」などという非現実的な分析結果をもたらす．

ストレステストは，ある異常事態を想定して行う．具体的には，一般に以下の方法がある．

3.6.2　ストレステストのバリエーション
a．シナリオ法

最も基本的なストレステスト．ブラックマンデーなどの，実際に過去に発生したストレスが再び起こったと仮定し，現在のポートフォリオのリスク量を計測する方法で，想定したストレスのリスク量のみを知ることができる．しかし，想定したストレスに再起性があるか否かは，客観的な議論の方法がなく，計算されたリスクを活用しにくいというデメリットもある．

b．リスクファクターの分布や相関の前提を操作する方法

ストレステストとして定義されない場合があるが，ストレステストの代用として用いられることが多いため併記した．基本的にはデルタ法を前提としたもので，デルタ法の計算過程で求められるパラメータにストレスを与える方法である．例えば，リスクファクターの分布として，通常 VaR で用いられる正規分布ではなく，より裾野の厚い fat-tail な分布あるいは歪んだ分布を想定したり，リスクファクター間の相関が崩れた場合などを想定してリスク量を計測する．

c. 動的ストレスシミュレーション

ショックの連鎖をシミュレーションする方法である．この方法の根本には，市場の連鎖反応によってストレスが拡大する，という前提がある．具体的には，ある期間の市場環境の変化を動的にシミュレートする．シミュレーションの要素は，ポートフォリオ調整行動，ロスカットルール，トレーディング取引戦略の動態的情報などの市場参加者の行動である．

3.6.3 BIS 規制におけるストレステスト

BIS 規制では，銀行が VaR の計測モデルを作成した場合，そのモデルによるリスク計量化のほかに，厳格で包括的なストレス・テストを実施しなくてはならない．具体的には以下のようなストレス・テストを行うことになる（清水 (1998)，日本銀行 (1997)）．

① 極端なマーケット変動を現在のポートフォリオに対して適用し，時価損益がどの程度変動するか：

BIS のバーゼル合意文によると，「例えば，1987 年の株式市場におけるクラッシュや，1992 年と 1993 年の ERM 危機，1994 年第 1 四半期の債券市場の下落のような，大きな価格変動と流動性の急激な低下をあわせ持った過去の大きな混乱時の市況変化を，現在のポートフォリオに対して適用するテストが含まれ得る．」とある．これは前項の分類によると，a. のシナリオ法に基づいたテストである．

② デルタ法を採用している場合，ボラティリティや相関の変化を現在のポートフォリオに対して適用した場合に，VaR がどの程度変動するか：

前項の分類の b. にあたる．ボラティリティや相関の過去の変動範囲を分析し，過去の変動範囲の中での極端な値を銀行の現在のポジションに適用し評価する．例えば，1987 年の株式市場におけるクラッシュや，ERM 危機，1994 年第 1 四半期の債券市場の下落において，変動が最も大きかった数日間をみると，相関係数が 1 あるいは -1 という極端な値に近づいていたという事実がある．

モンテカルロ法を適用している場合，その計算過程に利用した条件（例えば時系列モデルの関数型）や，中間段階のパラメータが極端に変化した場合をシミュレートする．

章末問題

問題 3.1 表 Q.2 をみて，以下の問いに答えよ．

1) 米国株ポートフォリオの S&P に対する感応度 E_1，および円／ドルレートに対する感応度 E_2 を求めよ．
2) S&P，円／ドルレートのそれぞれの標準偏差 σ_1, σ_2 と相関係数 ρ を求めよ．
3) 米国株ポートフォリオの標準偏差および 99%VaR を求めよ．

表 Q.2

日付	米国株ポートフォリオの価値	S&P	円／米ドルレート
8月 9日	1000	1298	115.0
8月10日	985	1281	114.4
8月11日	1040	1301	115.8
8月12日	1027	1298	115.1
8月13日	1074	1327	115.1
8月16日	1052	1330	114.3
8月17日	1033	1344	111.8
8月18日	1025	1344	111.6
8月19日	996	1332	110.8
8月20日	1015	1323	112.1
8月21日	1029	1336	111.7
8月24日	1054	1360	111.0

問題 3.2 以下の相関行列に従う乱数を作成せよ．

$$\begin{pmatrix} 1 & 0.5 & 0.2 \\ 0.5 & 1 & 0.4 \\ 0.2 & 0.4 & 1 \end{pmatrix}$$

ただし，互いに無相関な 3 つの乱数系列 e_1, e_2, e_3 は得ているものとし，

$$\begin{pmatrix} \varepsilon_1 \\ \varepsilon_2 \\ \varepsilon_3 \end{pmatrix} = A \begin{pmatrix} e_1 \\ e_2 \\ e_3 \end{pmatrix}$$

の 1 次変換によって作成する場合の，変換行列 A を求めよ．

問題 3.3 デルタ法で用いる標準偏差は一般にヒストリカル・ボラティリティ（過去のデータより算出されたボラティリティ）を用いる．もし，ヒストリカル・ボラティリティの代わりに，オプション価格から得られたインプライド・ボラティリティを用いた場合，想定される問題点を論ぜよ．

問題 3.4 ポートフォリオのリスクファクターに対する感応度を E とし，それぞれの収益率の標準偏差を $\sigma_{\Delta V_p}, \sigma_{\Delta x}$，共分散を $\mathrm{Cov}(\Delta V_p, \Delta x)$ とすると，
$$E = \frac{\mathrm{Cov}(\Delta V_p, \Delta x)}{\sigma^2_{\Delta x}}$$
であることを示せ．

4

リスク計測モデルのデータ処理法

 前章において VaR の基本的なモデルについて解説した．しかし，実際に過去の市場データより VaR を計算するとき，データ処理方法についていくつかのテクニックが必要になる．本章では，分析者が実際にリスクを計量化するときに直面する，データ処理に関する問題点を取り上げ，その解決方法とそのバリエーションについて解説する．取り上げる項目はリスクファクターの設定方法とマッピングのテクニック，観測期間の設定方法とウエイトづけ，保有期間の処理法，欠損データ処理などである．

4.1 リスクファクターの選択

4.1.1 リスクファクター選択の重要性

 VaR をはじめとする市場リスクの算出においては，リスクファクターを適切に設定する必要がある．リスクファクターとはこれまでも説明してきたように，ポートフォリオの価値に影響を与える市場のレートや価格，もしくはその収益率や変動のことである．

 前章で取り上げた3つの基本的なリスク計測モデルは，すべてリスクファクターの変動をもとに VaR 値を算出している．例えばデルタ法においてはリスクファクターの（収益率の）標準偏差を求め，それが正規分布に従っていることを前提にして，99% 点の損失額を計算した．ヒストリカル法やモンテカルロ法においては，リスクファクターの変動を何らかの方法で再現して，ポートフォリオの VaR の下方リスクを算出している．このように VaR を計算するには，まずリスクファクターの変動を把握してから，リスクファクターとポートフォリオの関係に従って VaR を計算する．

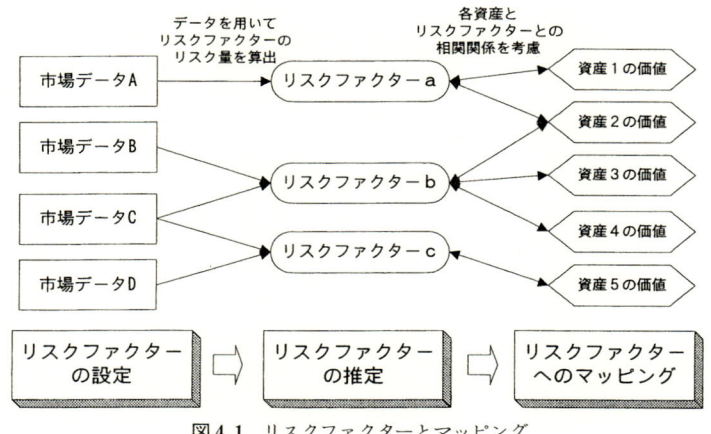

図4.1 リスクファクターとマッピング

　一般にポートフォリオのVaRを計算するには，複数のリスクファクターを設定する必要がある．リスクファクターをどのように設定するかについては，数学的な根拠があるわけではない．ポートフォリオ中の資産の性質と，用いることができるデータを吟味して，理性的な選択をしなくてはならない．不適切なリスクファクターを設定したとしても，ただちに非合理的だといえるわけではなく，計算結果が不正確になるだけである．しかし，VaRを利用し適切な投資判断をしたいと思うならば，リスクファクターの設定も慎重に行い適切でなければならない．適切であるとされる基準としては以下のようなことがあげられる．

① ポートフォリオの変動が，選択されたリスクファクターによって十分に説明されること．
② リスクファクターの変動を記述できるだけの十分なデータが取得可能であること．
③ リスクファクター間に多重共線性の問題が生じないこと．
④ そのリスクファクターを採用することによって計算プロセスが極端に煩雑にならないこと．

4.1.2　リスクファクターの種類

　銀行や企業は一般に非常に多岐にわたる金融資産（金融商品）を保有している．その1つ1つの資産ごとにリスクを計測することは不可能に近い．そこで，

4.1 リスクファクターの選択

金融商品の価値に影響を与える要因をリスクファクターとして特定化し，リスクファクターの動きで，ポートフォリオ全体の変動を記述する，という手段がとられている．すなわち，リスクファクターは各資産の価値そのものを表すのではなく，あくまでもポートフォリオに影響を与える要因として定義される．たとえば米国債を保有している場合，米国債という資産に対するリスクファクターとして，米ドルの長期金利の変動と，米ドル／円の為替変動がリスクファクターとして設定される．

代表的なリスクファクターを分類すると次のようになる．
① 金利変動（リスク）
② 為替変動（リスク）
③ 株式変動（リスク）
④ コモディティ変動（リスク）
⑤ 派生したリスクの変動，クロスリスクなど

金利リスクのカテゴリーに属するものとしては，国債やコール市場などのマーケット金利などがある．また，そのような市場金利データを加工して得られた，グリッドポイントの形状（または，グリッドポイントの金利水準）をリスクファクターとすることも通常行われる．

為替リスクに属するものとしては，米ドル，独マルク，最近ではユーロなどがあげられる．為替市場が米ドル中心に取り引きされているという思想ならば，例えば独マルク／円の代わりに，独マルク／米ドルをリスクファクターとして設定するのも自然な判断である．

株式リスクについては，その代表値を何にするか，日経平均なのか TOPIX なのかといった問題や，個別株に対するリスクファクターの設定をどのようにするかという問題が存在している．

コモディティリスクについては，投資対象から外されていたり，資産規模が小さいなどの理由で，VaR に関する研究例や事例は少ない．

派生したリスクというのは，オプション等の派生商品のリスクを記述する際必要となるリスクファクターで，例えば原資産のボラティリティの変動などがこれに相当する．また，クロスリスクは各リスク間の相関関係が変化することによるリスクであり，例えばデルタ法については，共分散の変動などが代表例である．

BOX-8　ヘッジ資産のマッピング

実際のオペレーションをみていると，為替先物や株価先物を利用したリスクヘッジのオペレーションが意外と多いことに気づく．このようなヘッジのために取得した資産やデリバティブを，リスク計測にいかに反映させるべきであろうか？

VaRを計算しているとき，「リスクヘッジにより，感覚的にはポートフォリオのリスクは減少しているはずなのだが，VaRを計算してみるとリスクは増加している．」といった問題がよく起こる．一般的にデリバティブなどのヘッジ資産を，そのままVaRの計算モデルに入れると，ヘッジ効果が過小に計算される．これは，ヘッジのオペレーションは通常完全逆相関を期待してポジションを組むが，一般的なマッピングの方法では，完全逆相関を反映できなくて，弱い逆相関として計算されてしまうからである．

この問題点を解決するには，ヘッジ目的のポジションを，通常のポジションと完全に分離し，ヘッジ対象の原資産のリスク感応度を，あらかじめ相殺しておく方法がとられる（**事前相殺**）．しかし，この方法にも問題がある．ポートフォリオが複雑な場合，通常のポジションとヘッジのためのポジションを明確に分離するのは難しい．そのため，事前相殺を行うのに十分な根拠がないことが多い．

BIS規制ではヘッジポジションに対して，完全逆相関を前提としたリスクの事前相殺を認めているが，その前提条件としてヘッジポジション（ヘッジ・オペレーション）と通常のポジション（ストラテジック・オペレーション）を明確に分離することが義務づけられている．しかし，この条件をクリアするのは難しく，実際は通常のマッピングによるVaRの算定を行っているケースが多い．

4.2　データの観測期間とウエイト

4.2.1　観測期間の決定

BIS規制では，資産ごとに最低1年分（250日）以上の過去データを用いて，保有期間10日間のボラティリティを予測しなければならないとしている．そのため観測期間については250～750日にすることが一般的であるが，モデルの目的やデータの制約により様々な観測期間が採用されている．具体的には以下のよ

うな根拠に基づいている．

a. 過去一定期間のデータを用いる方法

最も単純な手法であり，1年，2年など，分析目的に応じた期間が採用される．BIS規制では最長1年とされており，多くの銀行がこの期間（250営業日）を採用している．

b. 所有するすべての過去データを使う方法

現在の収益率の変化が過去のそれと同じであれば，分析に使用するデータ数は多ければ多いほどよいという考えで，所有する過去データすべてを用いる方法である．

ポートフォリオに多くの資産がある場合，過去データの存在する期間が資産によって異なるという問題が生じる．一般にはそのうち最も短い期間を採用するのであるが，代替できるデータ（例えば株式指数と指数先物）がある場合，何らかの処理を経て代用することも行われている．年金などの長期資金のリスクを算出するような場合このような方法がとられている．

なお，この方法は過去データがすべて同一の確率分布より発生していることを前提としているため，収益率の分散が本当に変化していないか検定する必要がある．この，収益率の系列の分散に急変がないかをチェックする手法として，例えば2乗法の**反復累積和**（ICSS）(Inclan et al. (1994)) がある．この手法を使った結果，米株式の系列は8年間に5回急変があることが，またLME銅取引契約は，1年間に3回も急変があることが報告されている（J. P. Morgan(1995)）．ただし，この手法は，データ数が多くなると計算時間がかかるうえ，大量のデータを保有しなければならないので，管理も難しく，実用的であるかは疑問の残るところである．

c. 何らかの根拠で使用するデータ数を決定する方法

現在の収益率の変化が過去のそれと比べて違うのであれば，過去データをむやみに取り入れて分析してしまうと，予測精度が落ちてしまう．そこで何らかの根拠をもって使用するデータ数を決めてしまう手法が考えられる．根拠のよりどころの1つは，b.で説明したデータの変化のチェックを利用し，現在と同じとみなせる限界まで期間をとるという方法である．しかし，この根拠は労力のわりに結果が安定的でないため，あまり採用されていない．実際は，以下で述べるウエイティングとの関係や，市場状況からの定性的な判断で行われることが多い．

4.2.2 観測データに対する重みづけ(ウエイティング)

これまでは,市場の変動を予測するのに,過去のデータをどのくらい使うか,という切り口で解説した.これは,あまりに古いデータは現在の市場とはかけ離れていて,市場の実態を反映していないという考え方に基づく.この考え方を一歩進めて,現在に近いほど市場の構造は現状に似ているため重要であり,現在から遠いほど重要度は低い,という考え方ができる.

この考え方を用いたものに,**指数ウエイト**と呼ばれるデータ処理方法がある.この方法は,最新の観測値が最も大きなウエイトを持ち,遠い過去ほどウエイトが小さく,その減少度合いが指数関数で定義されるというところに特徴がある.

デルタ法のウエイティングを例に示そう.重みづけされたデータは以下のように集計され,平均,分散,共分散が計算される.

$$\mu = \sum_{t=0}^{T_L-1} w_t x_{T-t} \tag{4.1}$$

$$\sigma^2 = \frac{T_L}{T_L-1} \sum_{t=0}^{T_L-1} w_t (x_{T-t} - \mu)^2 \tag{4.2}$$

$$\mathrm{Cov}(x,y) = \frac{T_L}{T_L-1} \sum_{t=0}^{T_L-1} w_t (x_{T-t}-\mu_x)(y_{T-t}-\mu_y) \tag{4.3}$$

T:現在の日番号
T_L:データの観測期間長
w_t:ウエイト
x, y:リスクファクターの変動率データ

ただし,ウエイトはすべてたし合わせると1となるように設定する.

$$\sum_{t=0}^{T_L-1} w_t = 1 \tag{4.4}$$

指数ウエイトは,w_t が指数関数に従っており,減衰係数 κ により

$$w_t = \kappa^t (1-\kappa) \quad (0 < \kappa < 1) \tag{4.5}$$

のように求められる.ウエイトの観測期間 T_L が無限大である場合と,有限の期間である場合があるが,有限の場合を特に**指数加重移動平均**(EWMA; exponential weighted moving averge)法と呼ぶ.今,利用できる過去データ数 T_L を十分に多くとったとする.

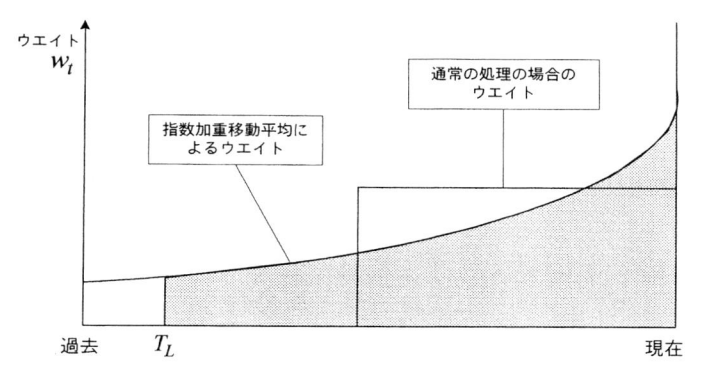

図 4.2 指数加重移動平均法(指数ウエイト)

$$\lim_{T_L \to \infty} \sum_{t=0}^{T_L-1} w_t = (1-\kappa) \lim_{T_L \to \infty} \sum_{t=0}^{T_L-1} \kappa^t = 1 \tag{4.6}$$

であるから,ウエイトの合計が 1 になる条件がほぼ満たされる.しかし,現実には有限個のデータより算出することになるため,適切な減衰係数 κ や T_L を決定しなくてはならない.

J. P. Morgan(1995) で述べられている手法では,与えられた減衰係数に対し,EWMA がどれくらいのデータを使用するかを決定する手法を提案している.それには,T_L 期間より前のウエイトの累積和 Ω_{T_L} を考える.

$$\Omega_{T_L} = (1-\kappa) \sum_{t=1}^{\infty} \kappa^{T_L+t-1} \tag{4.7}$$

この値を,データを無視する程度を表す量(許容レベル)と定義する.あらかじめ Ω_{T_L}, κ を決めれば,次の式で T_L の値を求めることができる.

$$\begin{aligned}\Omega_{T_L} &= (1-\kappa)(\kappa^{T_L} + \kappa^{T_L+1} + \kappa^{T_L+2} + \cdots) \\ &= \kappa^{T_L}(1-\kappa)(1 + \kappa + \kappa^2 + \cdots) \\ &\cong \kappa^{T_L}\end{aligned} \tag{4.8}$$

例えば,許容レベル Ω_{T_L} を 1%,減衰係数 κ を 0.94 に設定すると,約 74 日間の過去のデータを用いて将来のボラティリティや相関を予測することになる.ただし,許容レベル Ω_{T_L} による誤差を小さくしたい場合は,w_t を $1-\Omega_{T_L}$ で除したウエイトを用いるとよい(これを**修正ウエイト**という).

残ったのは減衰係数 κ の決定である．RiskMetrics では，この問題に対する1つの解決方法が提案されている．概略を述べると，過去データからあらかじめ収益率の標準偏差を日次ベースで推定し（事後推定），時系列データに最もフィッティングするように，減衰係数 κ を求めている（事前推定）．実務的には，各時系列の減衰係数から共通の κ を導く方法が用いられている．

しかし，BIS 規制では資産ごとに最低1年分（250日）以上の過去データを用いて，保有期間10日間のボラティリティを予測し，重みづけを行う場合でもデータの重心に関する規制上の制約（125日以上）があるため，RiskMetirics が提唱する手法をそのまま適用するのは不可能である．

指数加重移動平均法は，使用する過去データの重心を，より最近の過去データに近づけることで予測精度の向上を試みるものである．しかし，同じ重心を持つ単純移動平均法の場合と指数加重移動平均法とで，予測精度に差があるという報告はまだない．

4.2.3 ヒストリカル法のデータ・ウエイティング

上記の(4.1)〜(4.3)式はデルタ法を用いた場合のウエイティングを意味している．ヒストリカル法やブートストラップ法などの他の方法を採用した場合については，異った処理を行わなければならない．

ブートストラップ法の場合，データからのリサンプリング時に，直近のデータほどサンプリングしやすいように確率を振り分けておく，という方法がとられる．このときの確率は上記のウエイト w_t に従ったものである．

ヒストリカル法の場合は，99%点に対応するデータを決定する段階でウエイトを用いる．単純にするため，1資産の場合を想定する．

今250日分の収益率データを $(x_1, x_2, \cdots, x_i, \cdots, x_{250})$，それぞれに与えられたウエイトを $(w_1, w_2, \cdots, w_i, \cdots, w_{250})$ とする．

通常のヒストリカル法と同じく，収益率データを昇順に並びかえる．すなわち $(\dot{x}_1, \dot{x}_2, \cdots, \dot{x}_k, \cdots, \dot{x}_{250})$ とする．またこのとき，ウエイトも収益率とのペアを維持しながら並びかえる．すなわち，$(\dot{w}_1, \dot{w}_2, \cdots, \dot{w}_i, \cdots, \dot{w}_{250})$ とする．

つまり，もし $x_i = \dot{x}_k$ ならば，$w_i = \dot{w}_k$ である．ここで，収益率の低い日次のウエイトをたしていく．

$$S_K = \sum_{k=1}^{K} \dot{w}_k \tag{4.9}$$

信頼水準 99% の VaR は，1% を下回る最大の S_K と 1% を上回る最小の S_K を見つけ，それぞれ $S_{K(\text{down})}$, $S_{K(\text{up})}$ とすると，下式のようになる．

$$\text{VaR}_{99} = \frac{(\dot{x}_{K(\text{up})} - \dot{x}_{K(\text{down})}) \cdot (0.01 - S_{K(\text{down})})}{S_{K(\text{up})} - S_{K(\text{down})}} \tag{4.10}$$

4.3 保有期間の変換

ポートフォリオのリスクを計測するとき，まず投資の目標となる期間を定める必要がある．分析目的にあった期間が選択されるが，例えば BIS 規制では 10 日間と決められている．これを保有期間という．しかし，リスクファクターの価格の多くは日次で得られるデータであり，これをもとに日次収益率が算出される．そのため 1 日の単位の収益率をもとに，10 日収益率を算出する必要がある．

この方法について 3 つのバリエーションが提案されている．**Box-Car 法，Moving-Window 法，ルート t 倍法**である．いずれの方法も一長一短あり，BIS 規制においても各銀行の開発者が選択していいことになっている．そのため，モデル開発者はそれぞれの手法の長短を認識し，目的やデータの質に合った無理のない方法を選択すべきである．以下に各手法の長所短所を中心に説明する．なお，保有期間がデータのサイクルと同じである場合はこのような処理は必要がない．

4.3.1 Box-Car 法

Box-Car 法は 10 日収益率を計算するのに，10 日分のデータを利用して計算するという，きわめて自然な考え方である．そのため，データに対する仮定は必要なく，どのようなデータ，目的に対しても利用可能である．

$$X_\tau^{(10)} = \sum_{t=10\tau-9}^{10\tau} x_t \tag{4.11}$$

$X_\tau^{(10)}$：リスクファクターの 10 日収益率

x_t：リスクファクターの日次収益率

問題点は分析精度を上げるために相当のデータ量を必要とすることである．図

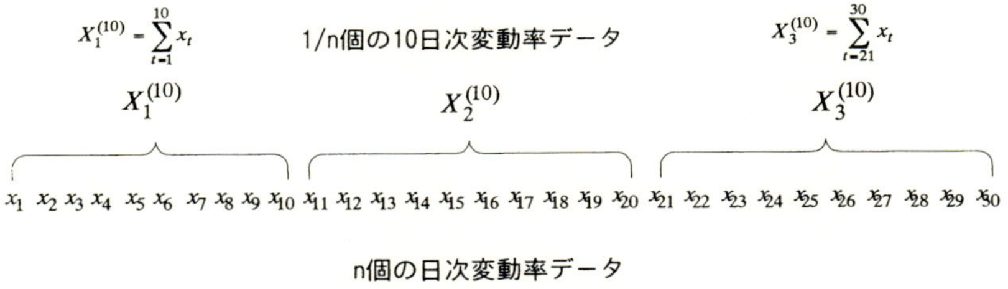

$$X_1^{(10)} = \sum_{t=1}^{10} x_t \quad \text{1/n個の10日次変動率データ} \quad X_3^{(10)} = \sum_{t=21}^{30} x_t$$

$$X_1^{(10)} \qquad\qquad\qquad X_2^{(10)} \qquad\qquad\qquad X_3^{(10)}$$

$\underbrace{x_1\ x_2\ x_3\ x_4\ x_5\ x_6\ x_7\ x_8\ x_9\ x_{10}}\ \underbrace{x_{11}\ x_{12}\ x_{13}\ x_{14}\ x_{15}\ x_{16}\ x_{17}\ x_{18}\ x_{19}\ x_{20}}\ \underbrace{x_{21}\ x_{22}\ x_{23}\ x_{24}\ x_{25}\ x_{26}\ x_{27}\ x_{28}\ x_{29}\ x_{30}}$

n個の日次変動率データ

図 4.3 Box-Car 法による保有期間の変換

4.3 に 30 日間のデータで 10 日収益率を計算する方法を概念的に示したが，Box-Car 法だと 30 日間データより 3 つの 10 日収益率しか得られない．BIS 規制ではデータの採取期間（公式には観測期間）は 250 日以上 750 日以下であるため，250 日のデータでは 25 個の 10 日収益率データしか得られない．25 個のデータで，1% の下方リスク（VaR）を計算することが適当でないことは，感覚的に理解していただけると思う．

4.3.2 Moving-Window 法

Moving-Window 法は Box-Car 法のデータの減少を解決するため考案された方法で，収益率を観測するのに，保有期間のオーバーラップを認める方法である．そのため **Overlapping 法** と呼ばれることもある．この方法ならば，図 4.4 のように 30 日間のデータなら 21 個の，250 日データならば 241 個の 10 日間収益率データが得られる．

$$X_\tau^{(10)} = \sum_{t=\tau}^{\tau+9} x_t \qquad (4.12)$$

しかし，隣り合う 2 つの 10 日間収益率データは，10 日のうち 9 日までが同じ日のデータをもとに計算されている．そのためデータ間の相関が高く，独立であるとはいえない．VaR を収益率分布から計算するときには，分布の各要素がそれぞれ独立であるのを前提としている．そのため，Moving-Window 法は統計的学的に妥当な計算プロセスだとはいえない．それでもこの方法が広く使われている背景には，有効なデータの少なさがある．つまり，古いデータは市場構造に違いがあるため現在の VaR の計測にはそぐわないが，Box-Car 法ではデータの

4.3 保有期間の変換　　93

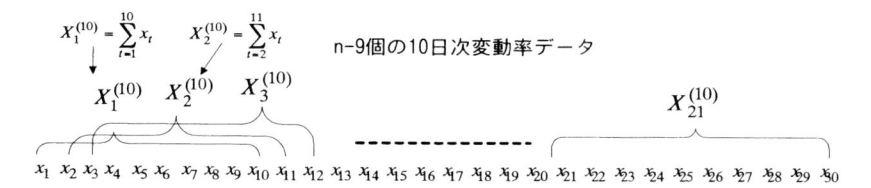

$X_1^{(10)} = \sum_{t=1}^{10} x_t$　$X_2^{(10)} = \sum_{t=2}^{11} x_t$　n-9個の10日次変動率データ

$X_1^{(10)}$　$X_2^{(10)}$　$X_3^{(10)}$　　　　　　　　　　$X_{21}^{(10)}$

$x_1\ x_2\ x_3\ x_4\ x_5\ x_6\ x_7\ x_8\ x_9\ x_{10}\ x_{11}\ x_{12}\ x_{13}\ x_{14}\ x_{15}\ x_{16}\ x_{17}\ x_{18}\ x_{19}\ x_{20}\ x_{21}\ x_{22}\ x_{23}\ x_{24}\ x_{25}\ x_{26}\ x_{27}\ x_{28}\ x_{29}\ x_{30}$

n個の日次変動率データ

図 4.4　Moving-Window 法による保有期間の変換

少なさから正確に計算されないという，ジレンマの結果の選択であろう．ただ，一見データ数が多くなったように思えるこの方法も統計的にはデータの持つ情報量が増えるわけではなく，データの少なさが解決されることはない．この方法の問題点はむしろ，モデルの開発者がこの方法の欠点を理解しておらず，実際はモデルが不安定なのに，いかにも十分なデータによりモデルを開発したと思いこみがちなところにある．

4.3.3 ルート t 倍法

ルート t 倍法も Moving-Window 法と同じく，Box-Car 法の取得されるデータの少なさを解決するため考案された方法である．この方法は，あらかじめ日次データのデータセットで推定された日次のボラティリティに基づき，10 日間ボラティリティを計算する方法である．この方法は，日次データに系列相関がない，言い換えれば日次の収益率が時系列的に独立であるという前提を用いている．この前提が成り立つとき，10 日間のボラティリティ（分散）は，日次データのボラティリティのルート 10 倍となるという性質を利用したものである．一般的に t 日間ボラティリティは日次の $\sqrt{t}$ 倍なので，ルート t 倍法と呼ばれている．

時系列的に独立であると，分散が $\sqrt{t}$ 倍で表されるということは，以下のように導くことができる．

今，対数価格 $\ln P_t$ が，次のような過程（ランダムウォーク）で変動すると仮定する．

$$\ln P_t = \delta_t^{(1)} + \ln P_{t-1} + \varepsilon_t^{(1)} \tag{4.13}$$

ここで，$\delta_t^{(1)}$ は非ランダムドリフトパラメータで，分散は 0 である．また添え字の (1) は，1 日の変動という意味である．$\varepsilon_t^{(1)}$ は平均 0，分散 σ_1^2 の独立および同一の正規分布の確率変数と仮定する．すると，

$$\ln(P_t/P_{t-1}) = \delta_t^{(1)} + \varepsilon_t^{(1)} \tag{4.14}$$

となり，$\varepsilon_t^{(1)}$ の分布関数がそのまま収益率分布を表すモデルとなる．

上式で再帰的代入を行うと次の関係式を得る．

$$\ln(P_{10}/P_0) = \sum_{t=1}^{10} \delta_t^{(1)} + \sum_{t=1}^{10} \varepsilon_t^{(1)} \tag{4.15}$$

この 10 日間の対数収益率の期待値は，$E[\varepsilon_t^{(1)}] = 0$ より次式で与えられる．

$$E[\ln(P_{10}/P_0)] = \sum_{t=1}^{10} \delta_t^{(1)} \tag{4.16}$$

この式が与えられれば，10 日間の対数収益率の分散は，次式で与えられる．

$$V[\ln(P_{10}/P_0)] = E\left[\left(\sum_{i=1}^{10} \varepsilon_t^{(1)}\right)^2\right] = 10\sigma_1^2 \tag{4.17}$$

したがって，収益率の標準偏差に関して次の関係式が成立する．

$$\sigma^{(10)} = \sqrt{10}\sigma_1 \tag{4.18}$$

この関係が成立するのは，10 日間のランダムウォークが平均 0，分散が 10 日間毎日同じ σ_1^2 の分布に従い，かつ独立なときに限られる．

モデル誤差項に有意な系列相関が存在する場合は，このルールが適用できない．そのため収益率データセットに，ある時系列モデルを用い，相関を取り除いたものをランダムウォークとしてとらえる必要がある．しかし，現在リスク管理モデルとして実務的に用いられているヒストリカル法やデルタ法では，収益率データセットをそのままランダムウォークとしてとらえている．

ルート t 倍ルールの信頼性を判断するためには，収益率が系列相関があるかどうかを調べればよい．収益率の観測値 $x_{i,t}$ について，ラグ数 l に対し，自己相関係数 ρ（l 期間ずつ離れた観測値の自己相関の値）を求める．

4.3 保有期間の変換

$$\rho_l = \frac{\sum_{t=l+1}^{T}(x_t - \bar{x})(x_{t-j} - \bar{x})/[T-(l+1)]}{\sum_{t=1}^{T}(x_t - \bar{x})^2/(T-1)} \tag{4.19}$$

$$\bar{x} = \frac{1}{T}\sum_{t=1}^{T} x_t \tag{4.20}$$

ここで，T は系列 x_t の観測値の数を表す．

複数の次数の自己相関を同時に検定する手法がある．その1つが **Box-Ljung 検定**である（Ljung and Box(1978)）．統計量は次のようになる．

$$10(10+2)\sum_{l}\frac{\rho_l^2}{10-1} \tag{4.21}$$

RiskMetrics では，Box-Ljung 検定の結果，いくつかの資産クラスでは系列相関があることが判明している．したがってそういった資産クラスで，ルート t 倍ルールや Moving-Window 法を使うことには問題がある．しかしながら，自己相関の影響は強くなく，また，自己相関をモデル化するのは非常に難しいという理由から，系列相関を考慮に入れた調整は行っていない．実務的にも，収益率に系列相関がないものと仮定してモデル作成が行われている．

最後に表 4.1，4.2 に3つの方法によって算出した TOPIX のボラティリティと 99%VaR を示した．方法の違いによる算出結果に時として大きな差異があることがわかる．

表 4.1 保有期間の処理法による標準偏差（%）の違い
TOPIX 日次データ（1988～1999）より作成
（観測期間 250 日，保有期間 10 日，ウェイトなし）．

観測期間	Box-Car 法	Moving-Window 法	ルート t 倍法
88/01/04～88/11/29	2.57	2.50	2.51
88/11/30～89/11/29	2.40	1.97	1.86
89/11/30～90/12/03	4.32	5.46	5.36
90/12/04～91/12/09	3.53	3.77	3.58
91/12/10～92/12/14	6.98	5.88	5.00
92/12/15～93/12/20	3.64	4.05	3.74
93/12/21～94/12/26	2.87	2.55	2.86
94/12/27～95/12/26	4.00	3.71	3.68
95/12/27～97/01/05	2.65	2.48	2.38
97/01/06～98/01/11	3.75	3.49	4.40
98/01/12～99/01/13	4.51	3.93	4.39
（平均値）	3.75	3.62	3.61

表4.2 保有期間の処理法による VaR の違い
10000 円の保有に対する 99%VaR を示す
(単位円，デルタ法，ウエイトなし．観測期間等は表 4.1 と同じ)．

観測期間	Box-Car 法	Moving-Window 法	ルート t 倍法
88/01/04～88/11/29	572.5	556.7	559.7
88/11/30～89/11/29	534.4	439.7	414.0
89/11/30～90/12/03	963.8	1217.0	1196.0
90/12/04～91/12/09	787.4	840.4	797.3
91/12/10～92/12/14	1556.1	1311.5	1116.1
92/12/15～93/12/20	810.9	903.2	833.0
93/12/21～94/12/26	640.3	569.3	637.3
94/12/27～95/12/26	912.1	828.0	821.7
95/12/27～97/01/05	591.6	553.5	530.5
97/01/06～98/01/11	836.7	777.6	980.4
98/01/12～99/01/13	1004.6	877.2	978.3
(平均値)	837.31	806.74	805.86

BOX-9　Box-Car 法とヒストリカル法の組合せ

　Box-Car 法の場合，分析に使用するデータ数が少ないので 99% 点（最大損失収益率）を代表する値が存在しないモデルが発生する．以下に，それぞれの使用データ数ごとに 99% 点を推定する手法を述べる．

① データ数＝250 の場合，分析に使用するデータ数は 25 であり，一番小さい収益率 $\dot{x}_1$ の階級値は $0 + 1/(25 \times 2) = 2\%$ である．そのため 99%VaR を求めることができない．やむを得ないときは一番小さい収益率で 1% 点で近似する．

② データ数＝500 の場合，分析に使用するデータ数は 50 であり，一番小さい収益率 $\dot{x}_1$ の階級値は $0 + 1/(50 \times 2) = 1\%$ である．したがって，一番小さい収益率で 1% 点を推定する．

③ データ数＝750 の場合，分析に使用するデータ数は 75 であり，一番小さい収益率 $\dot{x}_1$ の階級値は $0 + 1/(75 \times 2) = 0.67\%$，また 2 番目に小さい収益率 $\dot{x}_2$ の階級値は $1/75 + 1/(75 \times 2) = 2\%$ である．したがって $\dot{x}_1, \dot{x}_2$ の収益率を線形補間した値で 1% 点を推定する．具体的には次の式で求められる値を用いる．

$$\frac{\dot{x}_1(2-1) + \dot{x}_2(1-0.67)}{(1-0.67) + (2-1)} = 0.75\dot{x}_1 + 0.25\dot{x}_2$$

しかし，一番小さい収益率 $\dot{x}_1$ は非常にセンシティブな数値である．例えば，デー

タの中に大暴落などの異常値が1つ存在すると，$\dot{x}_i$ が反応し分析結果 VaR が大きく変動する．そのため，この方法は極端な値を出す傾向にあり，分析結果を投資戦略の意思決定として使うことが難しい．結論としては，ヒストリカル法を採用した場合，保有期間の処理はルート t 倍法もしくは Moving-Window 法で行うべきであろう．

4.4 欠損データの処理とデータ取得タイミング

4.4.1 欠損データの処理

統計学においては，データの補間に関する様々な方法が存在する．しかし，VaR の算出においては，データの補間を厳密に行ったからといって，さほど全体の精度向上に貢献しないとの報告がある．そこで，一般には直近のデータによる補間などの簡便な方法が採用されることが多い．これ以外にも，少し厳密な方法として線形補間，最も厳密な方法として EM アルゴリズムがある．逆に最も単純に，ヒストリカル法やデルタ法においては，欠損データがある日のデータは補間をせずにすべて削除する方法も考えられる．以下に，代表的な欠損値処理法について述べる．

a．直前のデータを使用する

他の補間方法はデータ欠損日以降に次のデータが入手されて計算が可能となるが，この方法はそれ以降のデータを待たずに，当日にデータを補間することが可能であるという利点がある．この方法は，休日等の理由以外では欠損データが生じる可能性はきわめて少ないことや，実際に把握していない市場の動きについて，不完全な形で修正データを作成する可能性がないこと（恣意性の排除），ま

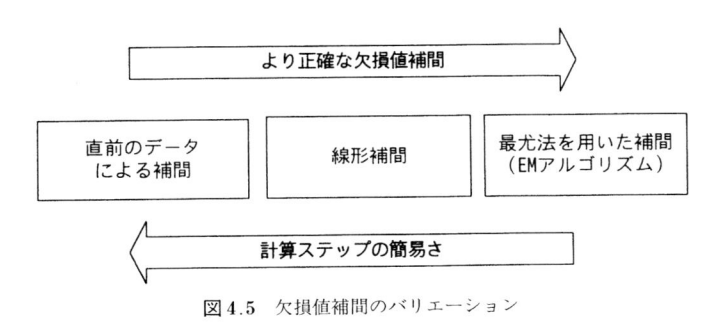

図 4.5 欠損値補間のバリエーション

た補間による分散へのインパクトが大きくないなどの判断から，合理的である．さらに，計算ステップがなく簡便であることも大きな利点である．

なお，一般的なシステムでは，どのデータが前日補間されたかをチェックするため「前日補間リスト」が出力される．何らかのアクシデントにより，正しいデータが存在するにもかかわらず，必要データが欠落している場合は，手入力による修正を行うことにより，データ欠損の影響を少なくできる．

b. 前後のデータで線形補間する

欠損当日は前日のデータをそのまま適用するが，その後の営業日にデータを取得できた時点で欠損の前営業日と取得できた時点との間で線形補間を行う．

$$\hat{x}_t = \frac{1}{2}x_{t-1} + \frac{1}{2}x_{t+1} \quad （データ欠損が1期間） \quad (4.22)$$

$$\hat{x}_{T+t} = \frac{N-t}{N}x_T + \frac{t}{N}x_{T+N} \quad （データ欠損がN-1期間） \quad (4.23)$$

c. EMアルゴリズム等で推定する

データが多次元正規分布に従っていることを前提とし，最尤推定法を用いて欠損データを求める方法の1つが，EMアルゴリズム（expected maximum algorithm）である．

もともとEMアルゴリズムは，不完全なデータセットからモデルパラメータの最尤推定を行う手法で，その過程で欠損データの補間が行われる．この方法は近年の情報幾何学の発展により，その理論的体系や計算方法，改良アルゴリズムなどが構築されている．そのため，いくつかのバリエーションがあるが，その基本的な概念は以下のとおりである．

EMアルゴリズムはE-step（expectation step）とM-step（maximization step）の2つの部分からなり，これらを交互に繰り返してパラメータを更新することによって，最尤推定量あるいは尤度関数の極大点を得る．

① 初期パラメータを与えたモデルを作成する．
② モデルを用いて欠損値の推定を行う．（E-step）
③ 欠損値を補間されたデータセットを用いて，モデルのパラメータを最尤推定し，更新する．（M-step）
④ 上記の②③のステップを繰り返すことにより，尤度関数の極大化を行う．

実際のEMアルゴリズムの運用については，甘利（1992）などを参照されたい．

なお，EMアルゴリズムをはじめとする，最尤データ補間法は，直近値補間，線形補間に比較して合理性が高いと判断されている．

異常値判定： 補間を行った場合，その補間が適当であったかどうか判定することが必要となる．これは一般に用いられている異常値の判定と同様の方法でもよいが，補間という作業に特徴的な傾向を念頭に置き，チェックした方がよい．時系列データの補間に異常データが含まれると，
① リターン分布の尖度が異常に大きくなる．
② 相関係数が大きく異なったものとなる．
③ 金利データについてはイールドカーブの形状変化が通常のものと異なる．
などの特徴がみられる．

4.4.2 データ取得のタイミング

データの取得のタイミングをどのようにするかという問題については，基本的に以下の2つの方法がある（図 4.6）．
① 各市場のデータを同一のタイミングで取得する．
② 各市場の終値データを取得する．

異なるマーケット間の相関をできるだけ正確に推計するためには，どの時点でマーケットデータを採取するかが重要である．とりわけ日次でデータを取得し，

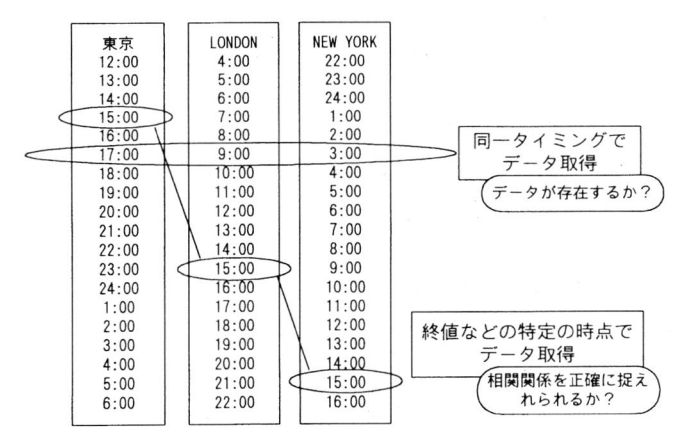

図 4.6 データ取得タイミングのバリエーション

相関係数を推計する場合はそのタイミング（時刻）を考慮する必要がある．

データを取得するタイミングを決めるにあたっては，リスク管理上最も重要な日本市場を中心として，極力多くのマーケットが開いている同時点でデータを取得することが望ましい．それは，金融マーケットではあるニュースが各国市場にほぼ同じタイミングで伝播し，瞬時にそのニュースを織り込んでしまうと考えられるからである．それゆえ，できるだけ多くのマーケットが開いている時刻でデータを採取することにより，マーケット相互の相関係数の精度をより高めることができる．逆にマーケット間でデータ採取時間が異なれば，その間に発生したニュースを織り込んだ市場と織り込まない市場がでてくるので，マーケットの相関をみるには好ましくない．一般的に相関が現実より低く計算される．

しかし，すべてのマーケットが同時に開かれていないことや，たとえ開かれていたとしても同時採取が困難なこともある．例えば東京市場における欧州債券のように，商品・種類によっては市場の厚みが十分でなく，適切な市場動向を反映したデータ採取を行うことができない可能性がある．また，市場の寄りつきの価格を使用する場合も，同様に市場の厚みが不十分であることから，指標性に問題がある．これらを比較すると，データによっては各市場の清算値あるいは終値を使用することは現実的な方法といえる．しかしながら，この方法はあくまでも簡便法であるため，採取したデータに明らかな偏りが観測される場合には，適宜その対応策を練り，データの客観性・指標性を維持していく必要がある．

章 末 問 題

問題 4.1 ルート t 倍法は日次収益率が独立であるという仮定で成り立っていた．もし，独立が保証されない場合，99%VaR は最大どのくらいになるか．ただし日次収益率の標準偏差を σ としデルタ法を前提とせよ．

問題 4.2 減衰係数が 0.7 の指数加重移動平均法を行ったとする．観測期間を 10 日（$T-0$ 日目〜$T-9$ 日目）にした場合の各データに対するウエイト $w_0, w_1, \cdots, w_9$ を求めよ．そのとき 11 日以前のウエイトの累積和 Ω_{T_L} を求めよ．また，残分ウエイト累積和 Ω_{T_L} が大きいと判断したときの修正ウエイト $w'_0, w'_1, \cdots, w'_9$ を計算せよ．

問題 4.3 前問で求められたウエイト $w_0, w_1, \cdots, w_9$ および $w'_0, w'_1, \cdots, w'_9$ を用いて標準偏差を求めよ．さらにウエイトなしの場合を計算し結果を比較せよ．ただし，10 日間収益率が以下のとおりであったとする．

$$(1.5, -2.5, 0.1, 0.2, 1.1, -2.5, -0.5, 0.5, 0.3, -0.6)$$

問題 4.4 以下の 30 日分の日次収益率データの平均値と標準偏差を，Box-Car 法，Moving-Window 法，ルート t 倍法によって求め，差異を論ぜよ．

1.5,	0.1,	0.2,	1.1,	−2.5,	−2.5,	−0.5,	0.5,
0.3,	−0.6,	0.0,	0.3,	2.2,	−0.3,	1.0,	−0.2,
1.5,	0.6,	0.2,	−0.2,	−1.3,	−0.6,	3.0,	1.0,
0.2,	0.0,	0.4,	−1.2,	−0.2,	0.0		

5

資産別のリスク計測モデル

　リスク計測の一般論について前章までに解説してきた．しかし，リスク計測の方法は対象となる資産の性格に合ったものでなければならない．特に，金利とオプションのリスク計量化テクニックには独特の方法がある．これは，これらの資産は他の資産と比較して非線形の要因が大きいことや，非正規性の性質が顕著であることなどによる．本章ではこのような金利とオプションの性質を，リスク計量化に反映する方法を説明し，さらに株式に関するモデルについて解説する．

5.1　金利リスクの計量化

5.1.1　金利のリスクファクター

　金利リスク以外のリスクも，複数のリスクファクターを持つことがあるが，そのリスクファクター間の関係は線形の相関関係を想定すれば十分である場合が多い．しかし他のリスクと違い，金利のリスクファクターは，**期間構造（タームストラクチャー）**という特別な関係があり，その計量化には少し複雑なステップを必要とする．この金利の期間構造は，リスク計量化以外の分野でも重要な概念であるため，これまで多くの研究がなされている．さらに銀行などの金融機関にとっては，金利リスクが最も影響力のあるリスクファクターであり，非常に数多くのきめ細かなモデルが開発されている．

　次項以降は最も典型的なリスク計量化モデルについて解説するが，その前に金利リスクのファクターの種類について簡単に説明しよう．金利リスクのファクターとしては信用度，通貨の種類，残存期間，金利の種類などがある．

a．信用度と通貨

　金利リスクの信用度とは，利払い主体の債務行使能力のことである．実際に市

5.1 金利リスクの計量化

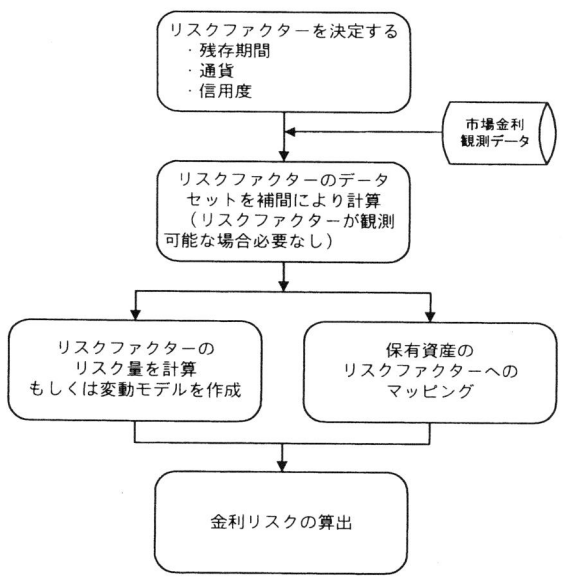

図 5.1 金利リスク算出の手順

場金利は国債レート，銀行間レート，事業債レートと信用力に対して金利水準が違う．この**金利差（スプレッド）** が日々変動するため，信用度をリスクファクターとして位置づけることが必要となる．一般には，国債（OECD 政府発行）と BBB 格社債のスプレッドなど一定の基準に従ったリスクファクターを設定する．すべての債券は，国債金利とこの社債金利に対してマッピングされる．マッピングの比率に関しては，政府保証債などは 100% 国債に，一般事業債については各々の格付けに基づく．また，海外資産については，通貨ごとに金利スプレッドを設定する．

b．残存期間

金利リスクの中で，最も重要なリスクファクターが残存期間に関するものである．金利の期間構造，いわゆるイールドカーブは日々変動し，短期金利と長期金利の変動が必ずしも一定ではないため，その変動を把握できるように複数のリスクファクターを設定する必要がある．リスクファクターの数は，リスク計測に期待する精度によるが，通常 8〜15 程度であり，短期の部分では細かく，長期の部分では粗く設定する（図 5.2）．

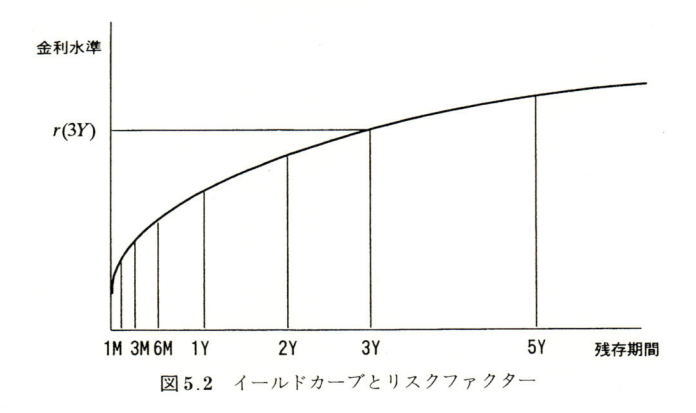

図5.2 イールドカーブとリスクファクター

リスクファクターが存在している残存期間をグリッドポイントと呼び，それぞれのグリッドについては「残存期間3ヶ月のグリッドポイント」などとよぶ．

c．金利の種類

金利には，一般に市場取り引きされている債券利回り（YTM）や，スワップレート，スポットレート（ゼロレート），フォワードレートあるいはディスカウントファクターなど様々な種類が存在する．残存期間や信用度が同じであっても，これらの金利の種類によって市場レートが異なる．そのため，金利の種類ごとに別のリスクファクターを設定する必要がある．ただし，この金利の種類の違いによる金利差は，上記の2つのリスクに比べ小さいため，特定の金利（スポットレートなど）によって代表させる例もみられる．この場合，採用した金利の種類と保有資産の金利の種類が違う場合，両者を変換する関係式が必要である．例えば，スポットレートをリスクファクターとして採用し，保有資産が国債であったとき，国債の金利とスポットレートの金利の間に，過去データや債券の仕組みの違いを反映した関係式を作成することになる．

以上の，通貨，信用度，残存期間，金利の種類のカテゴリーに対して，クロスでリスクファクターを設定する．クロスというのは表5.1のように，それぞれに設定したリスクファクターの積の数だけ，リスクファクターを必要とするということである．

表5.1 金利リスクファクターの設定例

通貨	信用度	金利の種類	グリッドポイント
日本円	国債	YTM	1M,3M,6M,1Y,2Y,3Y,5Y,7Y,10Y,15Y,20Y
日本円	銀行間	ゼロレート	1M,3M,6M,1Y,2Y,3Y,5Y,7Y,10Y
日本円	一般事業債	YTM	1M,3M,6M,1Y,2Y,3Y,5Y,7Y
日本円	一般事業債	ゼロレート	1M,3M,6M,1Y,2Y,3Y,5Y,7Y
USドル	国債	ゼロレート	1M,3M,6M,1Y,2Y,3Y,5Y,7Y,10Y,15Y,20Y,30Y
USドル	一般事業債	ゼロレート	1M,3M,6M,1Y,2Y,3Y,5Y,7Y,10Y
ドイツマルク	国債	ゼロレート	1M,3M,6M,1Y,2Y,3Y,5Y,7Y,10Y,15Y,20Y,30Y
ドイツマルク	一般事業債	ゼロレート	1M,3M,6M,1Y,2Y,3Y,5Y,7Y,10Y,
...	...	...	...

5.1.2 リスクファクターの推定と補間

以上のようにリスクファクターを決定したとしても，リスクファクターの金利がダイレクトに観測できないために，何らかの推定が必要になることがある．これは，市場には表5.1に示したようなグリッドポイントに対応したレートが，常に存在するわけではないために起こる．例えば国債のイールドカーブ上のグリッドポイント金利を知りたいとき，様々な残存期間の国債金利のデータを用いて，グリッドポイントの金利を推定する必要が生じる．

この推定方法は，大きく分けて2種類ある．1つは観測可能な残存期間の数は多いが，取引量が少ないなどの理由で金利水準の信頼性がない場合に，適当な曲線を仮定し，非線形の回帰分析などにより曲線のパラメータを推定する方法である．いま1つは「補間」と呼ばれる方法で，観測可能な残存期間の数は少ないがその水準に信頼がおける場合，金利データ間を何らかの「線」で結ぶ方法である．このイールドカーブの推定方法として補間には，「線形補間」や「3次スプライン補間」がよく利用される．以下では，この2つの補間の方法を解説しよう．

a. 線形補間（直線補間）

線形補間とは，観測可能な隣り合った点を「直線」で結ぶことにより補間する方法である．金利レートを観測できる残存期間 t_n と t_{n+1}（その金利レートを $r(t_n)$, $r(t_{n+1})$ とする）に挟まれた任意の期間 t での金利レート $r(t)$ を数式で表すと，

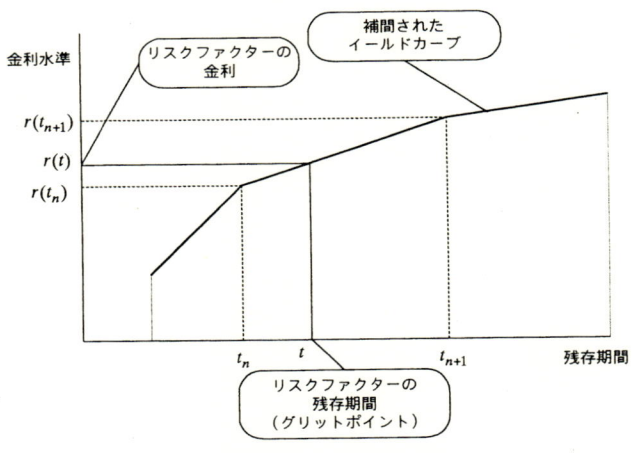

図5.3 金利リスクファクターの線形補間

$$r(t) = \frac{t_{n+1} - t}{t_{n+1} - t_n} r(t_n) + \frac{t - t_n}{t_{n+1} - t_n} r(t_{n+1}) \tag{5.1}$$

と推定される．

b． 3次スプライン補間

3次スプライン補間とは，観測ポイント間をそれぞれ別の3次関数でなめらかにつながるように補間する方法である．3次関数を用いる理由は，① 観測点を通る，② 観測点の両側の傾きが等しい，③ 両側の曲率が等しい，という条件をすべて満たすには，自由度（推定パラメータ）が4つ以上必要であり，べき関数のうち自由度が4なのは3次関数だからである．

今，観測可能な残存期間 t_n と t_{n+1} の間を補間する．3次関数を

$$f_n(x) = a_n x^3 + b_n x^2 + c_n x + d_n \tag{5.2}$$

とおき，次の条件を満たすように定数 a_n, b_n, c_n, d_n を推定する．

① 観測点を通る：

$$f_n(t_n) = r(t_n), \quad f_n(t_{n+1}) = r(t_{n+1}) \tag{5.3}$$

② 各 $f_n(x)$ について，境界となる観測ポイントでの1次導関数が等しい：

$$\frac{\partial}{\partial x} f_{n-1}(t_n) = \frac{\partial}{\partial x} f_n(t_n), \quad \frac{\partial}{\partial x} f_n(t_{n+1}) = \frac{\partial}{\partial x} f_{n+1}(t_{n+1}) \tag{5.4}$$

③ 各 $f_n(x)$ について，境界となる観測ポイントでの2次導関数が等しい：

5.1 金利リスクの計量化

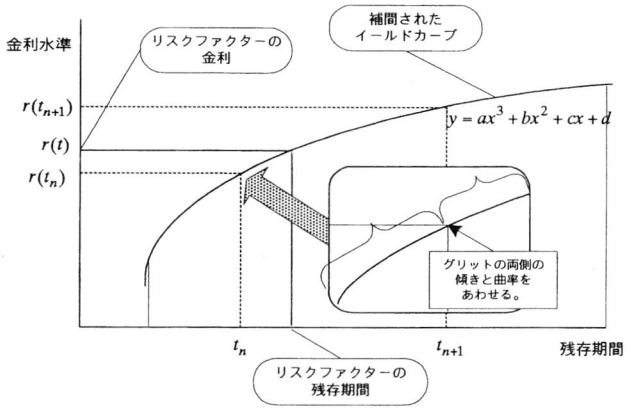

図中ラベル: 金利水準, リスクファクターの金利, 補間されたイールドカーブ, $y = ax^3 + bx^2 + cx + d$, $r(t_{n+1})$, $r(t)$, $r(t_n)$, グリッドの両側の傾きと曲率をあわせる, t_n, t_{n+1}, 残存期間, リスクファクターの残存期間

図 5.4 金利の 3 次スプライン補間

$$\frac{\partial^2}{\partial x^2}f_{n-1}(t_n) = \frac{\partial^2}{\partial x^2}f_n(t_n), \quad \frac{\partial^2}{\partial x^2}f_n(t_{n+1}) = \frac{\partial^2}{\partial x^2}f_{n+1}(t_{n+1}) \quad (5.5)$$

また，以上の補間方法をどのような種類の金利に用いるかで，結果は異なる．例えば，スポットレートの直線補間とディスカウントファクターの直線補間では，算出される水準も異なるため，各補間方法にどのような特徴があるのかを事前に認識しておくことが重要である．

期間構造の推定モデル：　上記の補間は，任意の期間に対して金利を知るため，言い換えればイールドカーブを得るための方法であったが，その前提としては観測ポイントがあまり多くないことを想定している．逆に，国債など多くの市場金利データがある場合には，通常の金利期間構造の推定モデルを用いる．期間構造推定モデルは多くの種類があるが，その代表的なものは**正方行列法**（Carlton and Cooper (1976))，**マカロフの方法**（McCulloch (1975))，**フグレの方法**（Huglet (1980)) などである．このうち正方行列法は期間構造を連続的にとらえるものではないので，実質的にマカロフの方法やフグレの方法が採用される．これらのモデルの特徴は，非線形の回帰式を設定し，金利-期間のデータで，回帰式のパラメータを推定するという方法である．この 2 つの方法以外にも様々な方法が提案されているが，その多くは回帰式にどのようなモデルを持ってくるかという点が違うだけである．

5.1.3 イールドカーブの変動モデル

以上の方法で，金利の期間構造（イールドカーブ）が推定されたとする．金利リスクのうち市場リスクと呼ばれるものは，おもにこのイールドカーブの変動に起因するものである．そのため，金利リスクの計量化を行うときには，このイールドカーブの変動をモデル化する必要がある．モデル化の方法については，リスクファクター間のリスクの合成をいかなる方法（デルタ法，ヒストリカル法，モンテカルロ法）によって行うかに関連している．

最もポピュラーなデルタ法の場合，グリッドポイントのリスク変動の分散共分散行列によって表現されるため，金利リスク以外のリスクと全く同じ計算ステップを行う．このとき，金利リスク特有の処理は，感応度を計算するとき現在価値

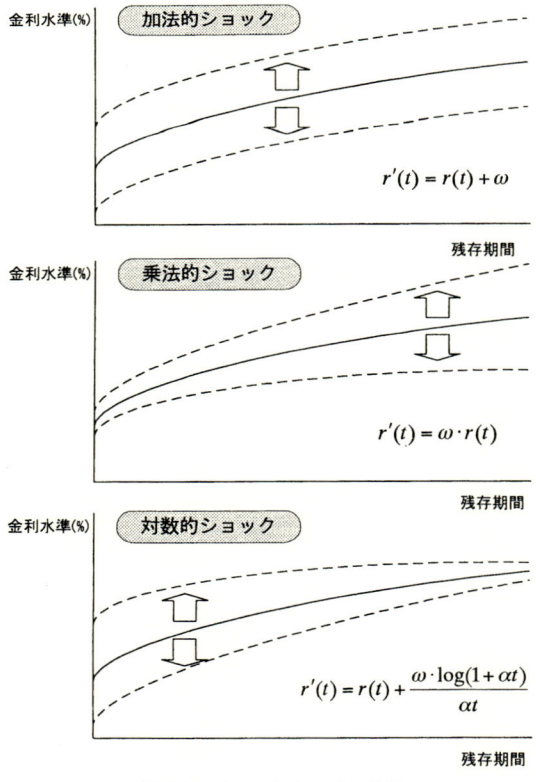

加法的ショック
$$r'(t) = r(t) + \omega$$

乗法的ショック
$$r'(t) = \omega \cdot r(t)$$

対数的ショック
$$r'(t) = r(t) + \frac{\omega \cdot \log(1+\alpha t)}{\alpha t}$$

図5.5 イールドカーブの変動

の公式を使うことだけである (5.1.5 項参照).

これに対してモンテカルロ法の場合，リスクファクターの変動モデル（時系列モデル）に金利特有の特徴を与える．もちろん ARMA モデルなど通常の多変量時系列モデルを用いることも可能であるが，金利リスクファクターの動きはある一定の法則に従っているとみることもできるため，その特徴を反映した時系列モデルの方がより精密な計測が可能である．

金利リスクファクターの時系列的変動は，イールドカーブの変動から**加法的ショック**（パラレルシフト），**乗法的ショック**，**対数的ショック**などのいくつかの形態に分類できる．そのため，金利そのものの時系列モデルを作成するのではなく，水準，傾き，曲率など，イールドカーブの形状を示す何らかのパラメータの変動をモデル化する方法がとられる．

また，あらかじめパラメータを設定するのではなく，金利データに対して主成分分析や因子分析を行い，統計的にファクターを見つけることも考えられる．方法論的にいえば，因子分析が適当であると思われるが，実際には主成分分析がおもに用いられている．

5.1.4　リスクファクターへのマッピング

保有する金利資産のキャッシュフローはグリッドポイントの期間に発生するとは限らない．そのため，該当する通貨・信用度のイールドカーブ上に，該当する残存期間のグリッドへマッピングしなくてはならない．このとき，配当などの償還期日以外に発生するキャッシュフローについても，それがあたかも独立した債券であるかのように該当するグリッドポイントへマッピングする．この配当，償還に関するマッピングには，感応度を保存する方法と VaR を保存する方法がある．

a．感応度を保存する方法

これは，分配の前後で次の条件①，②を満たすようにマッピングを行う方法である．感応度（変化率）に注目しているため，基本的にはデルタ法を意識したマッピングである．

① 現在価値は分配の前後で変化しない．
② 分配した各グリッドポイントの金利の変化に対するキャッシュフローの現在価値の変化率は，分配の前後で変化しない．

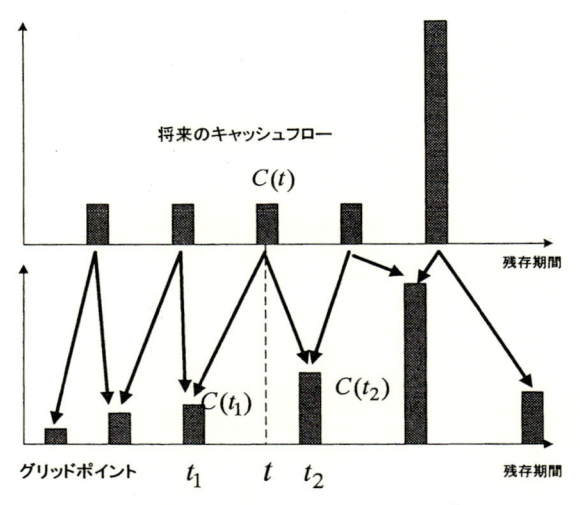

図5.6 キャッシュフローのマッピング

今，期間 t で C のキャッシュフローがあるとする．その前後のグリッドポイントを t_1, t_2 とし，t, t_1, t_2 のディスカウント・ファクターをそれぞれ $D(t), D(t_1)$, $D(t_2)$ とする．ただし，

$$D(t) = \frac{1}{(1+r(t))^t} \tag{5.6}$$

また，分配後の t_1, t_2 のキャッシュフローをそれぞれ $C(t_1), C(t_2)$ とする．

条件①，②よりそれぞれ

$$C \times D(t) = C(t_1) \times D(t_1) + C(t_2) \times D(t_2) \tag{5.7}$$

$$C \frac{\partial}{\partial r} D(t) = C(t_1) \frac{\partial}{\partial r} D(t_1) + C(t_2) \frac{\partial}{\partial r} D(t_2) \tag{5.8}$$

さらに，例えばディスカウント・ファクター $D(t)$ が直線補間により算出されているとすると

$$D(t) = \frac{t_2 - t}{t_2 - t_1} D(t_1) + \frac{t - t_1}{t_2 - t_1} D(t_2) \tag{5.9}$$

となる．以上の式から $C(t_1), C(t_2)$ を求めると，

$$C(t_1) = \frac{t_2 - t}{t_2 - t_1} C, \qquad C(t_2) = \frac{t - t_1}{t_2 - t_1} C \tag{5.10}$$

となり，結果的に直線補間のように期間按分されていることがわかる．

b．VaR を保存する方法

a.の感応度を保存する方法では，マッピングの前後で VaR 値は変化してしまう．この欠点を補う方法が，VaR 値を保存する方法であり，具体的には次の条件によって分配するものである．

① 現在価値はマッピングの前後で変化しない．
② マッピング後の各グリッドポイントにおける VaR 値の合計は，マッピング前の VaR 値と等しい．
③ マッピング後の各グリッドポイントにおける符号（ポジションがロングなのかショートなのか）はマッピング前の符号に等しい．

以下簡単のために，現在価値 $C \times D(t)$ を $C_p(t)$ と置き換えて説明する．

期間 t でのキャッシュフロー（時価）を，その前後のグリッドポイント t_1, t_2 にそれぞれ $C_p(t_1), C_p(t_2)$ として分配するとする．ここで配分比率を $\alpha:(1-\alpha)$ に設定すると，条件①より

$$C_p(t_1) = \alpha \cdot C_p(t), \qquad C_p(t_2) = (1-\alpha) \cdot C_p(t) \tag{5.11}$$

次に条件②について，リスクファクターの線形性を前提とすると，VaR のリスク合成は以下の式で表すことができる．

$$\mathrm{VaR}(t) = \sqrt{\mathrm{VaR}^2(t_1) + \mathrm{VaR}^2(t_2) + 2\rho \cdot \mathrm{VaR}(t_1) \cdot \mathrm{VaR}(t_2)} \tag{5.12}$$

ここに，$\mathrm{VaR}(t)$ は t におけるキャッシュフローの VaR を表す．ρ は t_1 と t_2 におけるリスクファクターの相関係数である．ここで，t, t_1 および t_2 におけるリスクファクターのボラティリティをそれぞれ $\sigma, \sigma_1, \sigma_2$，信頼係数を θ とおくと，

$$\mathrm{VaR}(t) = C_p(t) \cdot \theta \cdot \sigma \tag{5.13}$$

という関係が成り立つ．これを (5.12) 式に代入して，

$$C_p(t) \cdot \theta \cdot \sigma = \sqrt{C_p^2(t_1) \cdot \theta^2 \sigma_1^2 + C_p^2(t_2) \cdot \theta^2 \sigma_2^2 + 2\rho(C_p(t_1) \cdot \theta \sigma_1)(C_p(t_2) \cdot \theta \sigma_2)} \tag{5.14}$$

両辺を θ で除し，これに (5.11) 式を代入して，

$$C_p(t_1) \cdot \sigma = \sqrt{\alpha^2 C_p^2(t_1)\sigma_1^2 + (1-\alpha)^2 C_p^2(t_1)\sigma_2^2 + 2\rho\alpha(1-\alpha)C_p(t_1)\sigma_1\sigma_2} \tag{5.15}$$

両辺を 2 乗して $C_p(t_1)$ を消去し，配分比率 α について整理する．

$$(\sigma_1^2 + \sigma_2^2 - 2\rho\sigma_1\sigma_2)\alpha^2 + (2\rho\sigma_1\sigma_2 - 2\sigma_2^2)\alpha + (\sigma_2^2 - \sigma^2) = 0 \tag{5.16}$$

この式を解いて α の値を得る．この式は2次方程式なので，解は2つ存在する．しかし，条件③により $0 < \alpha < 1$ となるので，解は一意に定まる．ただし，σ_1，σ_2 はグリッドポイントの変動で得た値より求めることができるが，σ についてはグリッドポイント上にないため，リスクファクターのデータから求めることができない．前述の直線補間などにより推定しておく必要がある．

5.1.5 リスク量の算出

リスクファクター（グリッドポイント）にマッピングされた金利資産は，

$$P = \sum_i^M \frac{C(t_i)}{(1+r(t_i))^{t_i}} \tag{5.17}$$

M：グリッドポイントの個数
$r(t_i)$：i 番目のグリッドポイントの金利
$C(t_i)$：i 番目のグリッドポイントのマッピングされた資産

により現在価値を求めることができる．金利リスクはこの現在価値 P の変動そのものなので，P の将来の分布を $\phi(P)$ とすれば，VaR は

$$\text{VaR}_{99}[\phi(P)] \tag{5.18}$$

により求められる．よって，分布 $\phi(P)$ を求めることができれば，金利のリスク計量化は完成する．この分布を求めるのに，前章で説明したデルタ法，ヒストリカル法，モンテカルロ法がある．ここではデルタ法について説明しよう．

各グリッドポイントの金利 $r(t_i)$ に対する感応度 E_i は

$$E_i = \frac{\partial P}{\partial r(t_i)} = \frac{\partial}{\partial r(t_i)} \sum_i^M \frac{C(t_i)}{(1+r(t_i))^{t_i}} = \frac{-t_i C(t_i)}{(1+r(t_i))^{t_i+1}} \tag{5.19}$$

となる．感応度が求められれば，各リスクファクターの分散共分散行列をかけ合わせることで分布 $\phi(P)$ の標準偏差を求めることができる．

$$Z = \begin{pmatrix} \sigma_1^2 & \text{Cov}(r(t_1), r(t_2)) & \cdots & \text{Cov}(r(t_1), r(t_m)) \\ \text{Cov}(r(t_1), r(t_2)) & \sigma_2^2 & \cdots & \text{Cov}(r(t_2), r(t_m)) \\ \vdots & \vdots & \ddots & \vdots \\ \text{Cov}(r(t_1), r(t_m)) & \text{Cov}(r(t_2), r(t_m)) & \cdots & \sigma_m^2 \end{pmatrix}$$

$$\tag{5.20}$$

$$\boldsymbol{E} = (E_1, E_2, \cdots, E_m) \tag{5.21}$$

5.1 金利リスクの計量化

とすれば，$\phi(P)$ の分散 σ_p^2 は，

$$\sigma_p^2 = \boldsymbol{EZE}^t \tag{5.22}$$

となる．デルタ法を採用しているので，仮定された分布は正規分布である．このとき，第2章で学んだように，分布の標準偏差が得られればVaRは

$$\text{VaR}[\phi(P)] = \theta \cdot \sqrt{\tau} \cdot \sigma_p \tag{5.23}$$

と求められる．

BOX-10　金利リスクの2つのボラティリティ

　金利性の金融商品において金利（イールド）と債券価格（プライス）の関係は，「一方が決まれば残りの一方が求められる」，という関係にある．つまり，金利が変動すれば，当然に価格も変動する．そのため，ポートフォリオのリスクを計測するときに，金利のリスクファクターとして金利の単位を採用するか，それとも価格の単位を採用するかという問題が発生する．金利と債券価格の関係が線形であるならば，どちらを採用するかは本質的な問題にはならないが，この2つの変数間には非線形の関係が成り立つので，採用する変数によって，算出されるリスク量は異なってしまう．

　ポートフォリオの価値変動は，直接的には債券価格の変動によって起こされる．すなわち，ポートフォリオの変動と価格の変動の間には線形の関係がある．そのため，ポートフォリオの資産間のリスク合成に，デルタ法などの線形関係を仮定した計算方法を採用している場合，リスクファクターに価格の変数を用いることは，合理的な判断といえる．

　それに対して，金利の単位をリスクファクターにした場合，デルタ法による他資産とのリスク合成は，理論的には都合が悪い．この場合，非線形リスクの影響は省略していることを，分析者は認識せねばならない．しかし，金利構造の変動については過去に多くの研究があるため，残存期間が違う金利リスクファクター間のリスクを計算する場合，既存研究の成果を利用することができる．また，多くの金融機関にとって，既存の金利予測モデルが存在するため，金利ベースのリスクファクターを採用するケースが多い．

　このどちらを採用することがよいかは一概にいえない．ただ，価格ベースの分析の利点である線形性の問題は，実は本質的ではない．非線形リスクを合成できるヒスト

リカル法やモンテカルロ法を用いればすむことである．重要なのは，どちらの方が将来の収益率分布を正確に予測できるモデルを作成しやすいか，という点である．

ちなみに債券価格のボラティリティと，金利のボラティリティの間には以下のような関係がある．

（価格ボラティリティ）＝（イールド）×（デュレーション）×（金利ボラティリティ）

$$\frac{\Delta P}{P} = r \times \frac{\Delta P}{\Delta r \cdot P} \times \frac{\Delta r}{r}$$

または

$$\sigma_p = r \times \frac{\Delta P}{\Delta r \cdot P} \times \sigma_r$$

5.2 オプションリスクの計量化

オプションは前節の債券と同じく，非正規性の収益率分布を持つ資産の1つである．しかし，債券に比較してより明確に非正規性を表現する必要がある．それは，もともと投資家がオプションに対して投資するのは，その非正規性が投資家にとって何らかの価値を生むため，というケースが多いからである．

収益率分布に正規分布を仮定することが適当な資産には，前述のデルタ法，モンテカルロ法，ヒストリカル法をそのまま適用すればよい．しかし，オプションのような明らかな非正規性資産に対しては，その資産の特性に合ったVaR計量方法を考える必要がある．ここでははじめにオプション価値とそれを決定する要因についてごく簡単に説明した後に，オプションのVaRの計算方法について解説する．

5.2.1 オプションの価値（プレミアム）

オプションは市場にて取引されているため，その時点における価格が一意的に決まっている．市場価格がある一定の価値に従って決定されるとすると，一般にオプションの価値（プレミアム）は**本源的価値**と**時間的価値**に分けられる．

（オプションプレミアム）＝（本源的価値）＋（時間的価値） (5.24)

このうち本源的価値とは「そのオプションを今ただちに行使したときの価値」であり，この価値がマイナスの場合には，オプションの本源的価値がゼロとなる．

5.2 オプションリスクの計量化

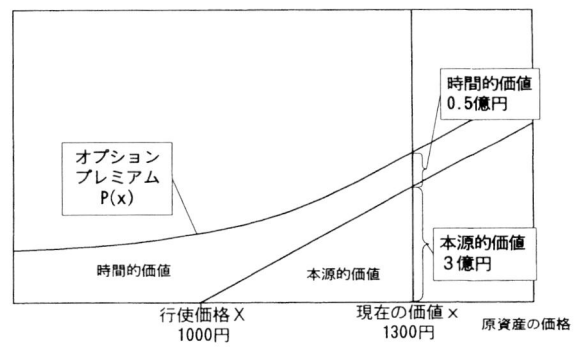

図5.7 オプションプレミアムの構成

例えば，想定元本10億円，期間1年の株式オプションで，行使価格1000円で10万単位買う権利（コールオプション，権利行使日は1年以内）を例に考えてみる．現時点において，

① この株式オプションの現在価値（プレミアム）＝3.5億円
② 現在の株価＝1300円
③ オプションを行使したときの収益，$10万 \times (1300-1000) = 3$億円

であったとすると，このオプションを今ただちに行使したときの価値が本源的価値であるから，結局③より3億円が本源的価値で，残りの3.5億円－3億円＝0.5億円が時間的価値ということになる．図5.7はこのオプションプレミアムの構成を示したものである．これからもわかるとおり，時間的価値とは，「そのオプションが将来価値を生じる確率が生む価値」のことを指す．

オプションの買い手が売り手に対してプレミアムを支払うのは，さきほどの例では満期までの1年の間に株価が1000円以上になり，権利行使が価値を持つことを期待しているからにほかならない．時間的価値とは，そのオプションが満期日に価値を生じる確率が生む価値ということができる．当然ながら，満期日が遠いほど不確実性が高いために，オプションが価値を生じる確率は高くなる．つまり満期日が遠いほど，時間的価値は高い．

オプション価格のボラティリティ（リスク）はこの2つの価値が変化することによって起こる．ただ，これらの価値の変化はさらに細分化されたリスクファクターの変化を分析することによって初めて把握することができる．以下ではオプ

ションのボラティリティの計測方法について解説する．

5.2.2 オプションのリスク計量化方法のバリエーション

図5.8は，縦軸にあるオプションの価値を，横軸にそのオプションの原資産価格をとったものである．この図から明らかなように，原資産とオプション価格の間には，非線形な関係が存在している．すなわち直線近似が不適当であることがわかる．

この場合，原資産価格の変動に対する感応度（デルタ）が一定ではないため，
（原資産価格の変動に対する感応度）×（潜在的な原資産価格の変動）
によってオプション価値の変化を完全に推定できない．そこで，将来の原資産価格などについて多数の市場変動の可能性をシミュレートし，それぞれに対してポートフォリオの価値を再評価する方法がある．

これに対し，いま1つの方法はあくまでも感応度を用いて表現する方法である．この方法では非線形リスクを取込むために，1次の感応度（デルタ）のみではなく，2次の感応度（ガンマ）など様々な感応度も計算してプラスオンしていく方法である．つまり，オプションのリスクを計量化する方法は，大きく分けて次の2つのアプローチがある．

① 将来のシナリオをシミュレーション手法により多数作成し，各シナリオのもとでオプション価値を評価し，リスクを計測する．
② オプション価格の変化を，オプションの価値に影響を及ぼすファクターの変化の関数として分解する．

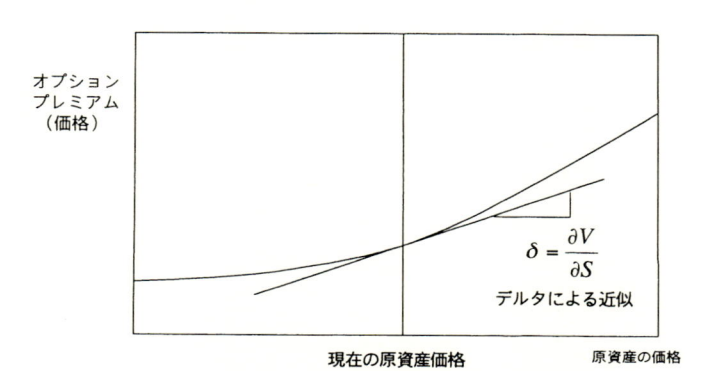

$$\delta = \frac{\partial V}{\partial S}$$

デルタによる近似

図5.8 オプションの価格と原資産価格の関係

①は一般にシミュレーション法と呼ばれる．オプションに関するシミュレーションは大きく分けて2つある．1つは確率ツリーを用いた方法（**ラティス法**）で，多期間2項過程を前提としたモデルである．このシミュレーションでは，原資産価格が離散的に与えられた状態を一定の確率で上昇・下降を繰り返すと仮定する．分析者はシミュレーションに先立って，離散的に与えられた状態の定義（上昇幅など）と，発生する確率を決定しなければならない．この方法は，価格の変動による仮定を自由に設定できるため，特殊な変動を仮定したい場合に便利である．また，ヨーロピアンオプション以外のオプションにも比較的容易にに適用できるという利点もある．しかし，発生確率などの条件の設定にはある程度の熟練を要するため，必ずしも一般的な方法とはいい難い．この方法についての詳しい解説は木島ら（1996）や森平・小島（1997）などを参照していただきたい．

それに対して，現実的には，時系列モデルと乱数発生により将来分布を求める，モンテカルロシミュレーションを用いる方法が多用されている．これについ

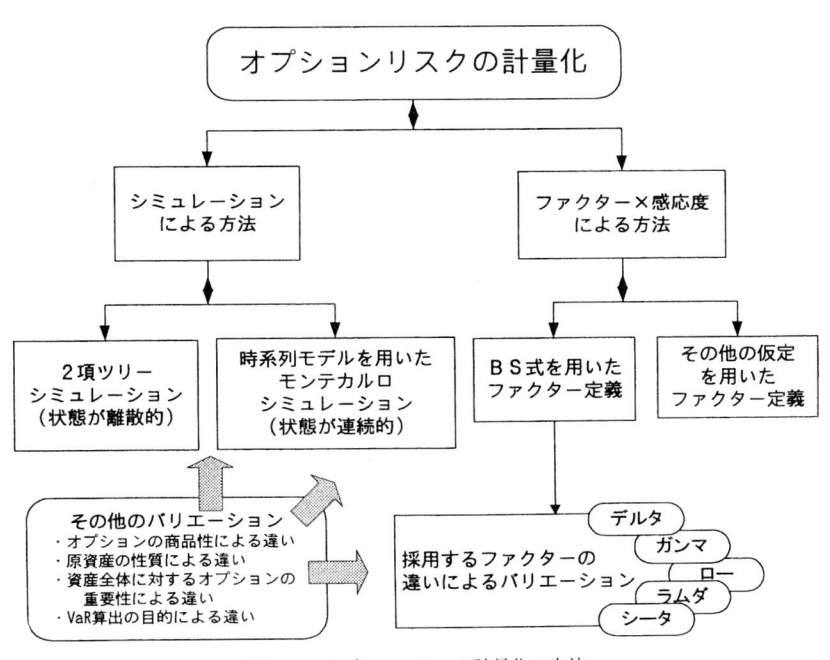

図5.9 オプションリスク計量化の方法

てはオプションだからといってすでに述べた内容を逸脱することはない．他のリスクファクターの場合と同様オプション価格に影響を及ぼす複数のマーケットデータを擬似的に多数発生させてプライシングを行うものである．

そのため，本節ではシミュレーションによるオプションリスクの計量化については省略し，②に関連するオプションリスク計量化に絞って述べる．

5.2.3 オプション価格を決める要因とオプションのリスク

ファクターを用いてオプションリスクを計量化する場合，まずオプション価格に影響を及ぼすリスクファクターの特定と，リスクファクターと価格の間に存在する関数を決定しなければならない．このとき，オプションの価格評価を行うために最も頻繁に用いられているのが**ブラック-ショールズモデル**（以下 BS モデルと表す）である．以下，BS モデルにおけるリスクファクターの種類と性質について，簡単に説明する．

このモデルではオプションのプレミアムは5つのリスクファクター（パラメータ）によって決定される．その5つとは，①原資産の現在の価格，②オプションの行使価格，③原資産のボラティリティ，④満期までの期間，⑤リスクフリーレート（金利水準）である．これら5つの変数のうち，原資産のボラティリティ以外の4つのパラメータは現時点において入手可能な値である．これに対してボラティリティは，現在から将来のオプション満期日までの期間に原資産価格がいかに変動するかということに対する予測値であり，現時点では観測することができない．したがって，BS モデルを用いてオプションの理論価格を計算するには，何らかの方法でボラティリティを推定しなければならない．このボラティリティがプレミアムの計算の根幹をなすものであり，実際にこの数値のおき方でプレミアムが変わってくる．

また，BS モデルにおけるこれら5つのリスクファクターのオプションプレミアムに対する偏微分係数は，オプションのリスク管理のために重要な役割を果たす．以下，BS モデルの公式を用いて，これらを確認しよう．

まず，オプションの価格（プレミアム）P を決定する5つの要素を次の記号で表す．

x：原資産価格
X：オプションの行使価格

5.2 オプションリスクの計量化

σ ：原資産のボラティリティ（年率）
T ：満期までの期間（年）
r ：オプション行使時までの金利水準

このとき，ヨーロピアン・オプション（以下特にことわりのない限りこのオプションを例に説明する）の価格は次の式で与えられる．

コール・オプションの場合： $P(x) = x\Phi(d_1) - Xe^{-rT}\Phi(d_2)$ (5.25)

プット・オプションの場合： $P(x) = -x\Phi(-d_1) - Xe^{-rT}\phi(-d_2)$ (5.26)

ただし， $d_1 = \dfrac{\ln(x/X) + (r + \sigma^2/2)T}{\sigma\sqrt{T}}$

$d_2 = \dfrac{\ln(x/X) + (r - \sigma^2/2)T}{\sigma\sqrt{T}}$ (5.27)

$\Phi(d) = \displaystyle\int_{-\infty}^{d} \dfrac{1}{\sqrt{2\pi}} e^{-\frac{z^2}{2}} dz$ （標準正規分布の分布関数）

この式は見かけ上若干複雑であるため，5つの要素によってオプションの価格が決定されていることを容易に確認できるよう，(5.25), (5.26)式を以下のように表す．

$$P = P(x, X, \sigma, T, r) \quad (5.28)$$

このとき，オプションの価格変動 dP は次のようにテーラー展開できる．

$$dP = \frac{\partial P}{\partial x}dx + \frac{1}{2}\frac{\partial^2 P}{\partial x_2}(dx)^2 + \frac{\partial P}{\partial \sigma}d\sigma + \frac{\partial P}{\partial T}dT + \frac{\partial P}{\partial r}dr$$
$$+ (\text{他の2次以上の微少項}) \quad (5.29)$$

このうち，定数パラメータを記号に置き換え微少項を除くと，

$$dP \approx \delta dx + \frac{1}{2}\Gamma(dx)^2 + \Lambda d\sigma + \Theta dT + \rho dr \quad (5.30)$$

ただし， $\delta = \dfrac{\partial P}{\partial x}, \quad \Gamma = \dfrac{\partial^2 P}{\partial x^2}, \quad \Lambda = \dfrac{\partial P}{\partial \sigma}, \quad \Theta = \dfrac{\partial P}{\partial T}, \quad \rho = \dfrac{\partial P}{\partial r}$

となる．

すなわち，オプションの価格の変動は以下のようなパラメータによって表されることになる．

① デルタ(δ)：原資産価格の変化に対するオプション価格の変化率
② ガンマ(Γ)：原資産価格の変化に対するデルタの変化率

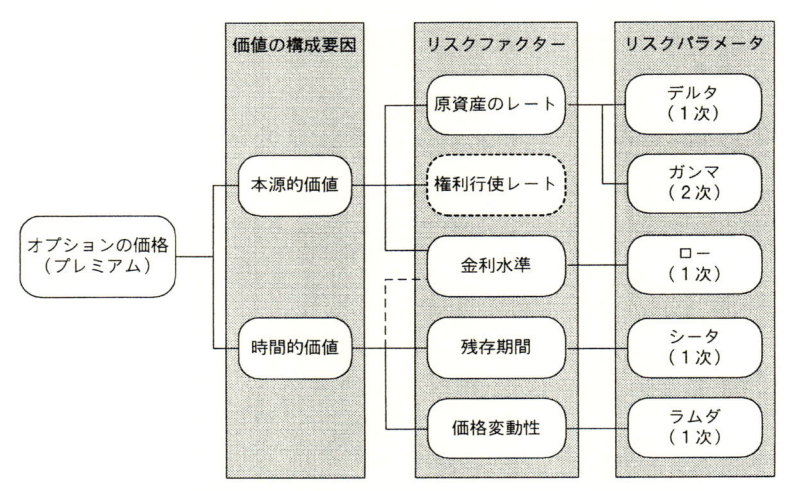

120   5. 資産別のリスク計測モデル

図5.10 オプションリスクとリスクパラメータ
権利行使レートは，正確には価値の構成要素ではあるがリスクファクターではない．また，金利水準は時間的価値の要素ではないという概念もある．

③ ラムダ(Λ)：原資産のボラティリティ σ の変化に対するオプション価格の変化率
④ シータ(Θ)：時間の変化に対するオプション価格の変化率
⑤ ロー　(ρ)：リスクフリーレートの変化に対するオプション価格の変化率

これらの関係をオプション価格の構成要因との関係でまとめると，図5.10のようになる．

以下で，これらのリスク・パラメータについて順に解説しよう

a．デルタ(δ)

原資産価値とオプション価値の関係を示した図5.8において，一定の原資産価値のところでオプション価格曲線に引いた接線の傾きがデルタである．数学的にいえばデルタはオプション価格の原資産に関する1次偏微分係数といえる．オプション価格変動の要因のうちでは，原資産価値の変動によるものが最も大きい．そのため，オプションのリスクファクターのうちこのデルタが除かれることはない．

デルタの値は，コールオプションでは0〜1の間の値を，プットオプションで

は $-1 \sim 0$ の間の値をとる．ただし，売りポジションの場合はプットオプションが $0 \sim 1$，コールオプションが $-1 \sim 0$ の値となる．

b．ガンマ (Γ)

ガンマはオプション価格曲線の曲率を示したものである．数学的には，ガンマはデルタをさらにもう1回原資産価格で偏微分したもので，原資産価格の変化に伴うデルタの変化を表している．つまり，原資産の2次微分である．(5.29)式に示したように，原資産価格 x 以外の変量に対しては1次微分までをみて，2次微分以降を切り捨てているのに対して，原資産価格の変量だけはこのように2次微分まで考慮することが多い．それはオプションの価格変動のほとんどが，原資産価格の変動に基づいて発生するため，1次微分のマッチング（線形近似）だけでは十分な精度を維持できないからである．

また，ガンマと同様に，デルタの変化に注目したリスクファクターとして**クロスガンマ**がある．ガンマが原資産価格の変化に対するデルタの変化を表しているのに対して，クロスガンマは原資産価格以外の変数の変化に対するデルタの変化を表したものである．数式で表すならば以下のようになる．

$$\text{cross}\Gamma = \frac{\partial^2 P}{\partial x \partial \xi} \tag{5.31}$$

$\xi : x$ 以外の変数（r, σ, T など）

クロスガンマがリスク計量化に対して重要であるかどうかについてはいまだ結論はでていない．実際のモデルをみると，リスクファクターとして組み入れているものは少数である．

c．ラムダ (Λ)

オプション価格は，原資産のボラティリティ σ から影響を受ける．このボラティリティの変化に伴うオプション価格の変化を表すのがラムダである．オプション価格の構成要素のうち，唯一 σ だけは現時点の値もわからない．他の変数は現時点の値は与えられているので，現時点と将来の変動を考慮することになるが，ラムダに関しては現時点の σ すら推定値でしかないため，将来との変化を正確に表現するのは困難である．資産によって σ はかなり変動するので，リスク要素としては重要ではあるが，確立されたファクター分析手法はない．

現時点でのラムダリスクのファクター変動 $d\sigma$ を計算するにあたって，**インプライド・ボラティリティ**を用いることが多いようだ．これは BS 式を σ に関し

表5.2 オプションのリスクファクターと処理法

	オプションの線形リスク		オプションの非線形リスク	
	デルタ	ラムダ	ガンマ	その他
デルタ法	計測可能	計測可能	マトリックスに入れての計測も可能ではあるが,計算負荷等の問題から通常は別途リスクを計算し,線形リスクと合算することが多い.	ガンマ以上のより高次な項は計測していない.
モンテカルロ法 ヒストリカル法	オプションの価格を決定する様々なリスクファクターについて将来値をシミュレートするため,オプションの価格を完全に再評価できる.したがって,これらの複数のリスクを同時に計測することができる.			

て解くことによって得られる式に,他の変数を代入して計算される値である.

ラムダは正の値をとる.これは,ボラティリティが大きいほど,オプションを行使することによって利益を得る可能性が大きくなるためオプション価格が上昇し,逆にボラティリティが低下すると権利行使の可能性が低くなるため,オプション価格は低下するためである.

d. シータ(Θ)

満期までの時間が変化した場合のオプション価格の変化を表すのがシータである.一般に,満期までの時間が減少するほどオプション・プレミアムは低下する.これは,時間が経てば満期までの残存期間が短くなっていき,原資産価格の大きな変動の可能性が少なくなることにより,オプションの価値が減少していくためである.

しかし,その減少幅は基本的には完全に予測できる.例えば保有期間が10日ならばdTは10日になることがはじめからわかっている(BS式内では年の単位に直す必要がある).そのため,オプションリスクのファクターとしてはあまり重要でなく,省略されることが多い.

e. ロー(ρ)

ローは金利水準がオプション価格に与える影響を表している.コールオプションの場合は正,プットオプションの場合は負値をとる.ローの重要性は原資産のボラティリティと金利ボラティリティの関係にもよるが,為替,株式などのボラティリティが高く,金利との相関が比較的低いものに関しては,オプションリスクに与える影響は低い.しかし,金利(債券)に関係するオプションについては,ローの影響が重要になるだけではなく,場合によっては前述のクロスガンマ

を含めた分析を行う必要があるだろう．

5.2.4 デルタ法を用いた VaR の計測の基本的な考え方

以上のリスクファクターを，デルタ法を用いて表現してみよう．

(5.30)式の右辺第1項（デルタ）のみを考え，第2項以降をすべて無視すると，

$$dP \approx \delta \times dx \tag{5.32}$$

となり，(3.9)式と同一の関係が得られる．これは，オプションのデルタリスクはデルタ法の中で評価することが可能であることを示している．またこの1次近似によって，VaRについては次の関係式も成り立つことがわかる．

$$\text{VaR[option]} \approx \delta \times \text{VaR[原資産価格]} \tag{5.33}$$

つまり，まず原資産価格の VaR を求め，それを用いてオプションの VaR を計算することができる．

さらに(5.30)式の右辺の第3項のみを取り上げると，

$$dP \approx \Lambda \times d\sigma \tag{5.34}$$

となり，ラムダリスクについてもデルタリスク同様，デルタ法に入れて VaR を算出できることがわかる．

しかし，より正確なリスクの推定を行うためにはオプションの非線形リスクにも取り組む必要がある．(5.30)式の右辺第2項がそれにあたり，例えば BS モデルを用いてオプションのガンマを計算することによって，

$$(ガンマリスク) = \frac{1}{2}\Gamma(dx^2) \tag{5.35}$$

を別途計算して，デルタリスクにプラスオンすれば，近似の精度は向上する．この方法は「**デルタプラス法**」あるいは「**デルタガンマ法**」と呼ばれている．

5.2.5 デルタ法によるオプションリスク計測の実例

以上，デルタ法によるオプションリスクの計量化について，概念的に説明したが，これだけでは実際の計算の方法が想像しにくいと思われる．そこで，以下では単純なオプション性商品を例に，オプションリスクの計量化について具体的にみてみよう．ここではリスク要因として寄与度が高いデルタとガンマについて解

説する.取り上げる問題は株式指標に対するコールオプションである.株式指数は,ランダムウォーク性や正規性が必ずしも仮定できないが,他の有力な方法が存在するわけでもないため,BS式に基づいたデルタ法を適用することが,比較的妥当といえる.行使価格が X の,配当のない株式に関するオプション取引の場合であれば,株式指数コールオプションの価格 $P(x)$ に対して,BS式は (5.25)～(5.27)式で表される.ただしこの場合,x は株式指数,σ_x は株価指数変動の標準偏差である.

ここで,このオプションのリスクがデルタリスクにのみ依存していると仮定すると,5.2.3,5.2.4項の結果により,オプション価格 $P(x)$ の VaR は株式指数の VaR をデルタ倍することによって得られる.

$$\mathrm{VaR}[P(x)] = \delta \times \mathrm{VaR}[x] \tag{5.36}$$

VaR の信頼水準については,とりあえずここでは99%としよう.第2章で解説したように正規分布を仮定した場合の99%点は,-2.33σ の値に相当する.そのため(5.36)式は

$$\mathrm{VaR}[P(x)] = \delta \times 2.33\sigma_x \tag{5.37}$$

となる.この式によると,オプションの VaR を計算するには,株式指数 x の標準偏差およびデルタを計算する必要があることがわかる.

まず,デルタは

$$\delta = \frac{\partial P(x)}{\partial x} \tag{5.38}$$

であるので,この式と(5.25)式を連立させることにより,

$$\delta = \Phi(d_1) \tag{5.39}$$

を得る.この式の左辺で,現時点で未知なのは株価指数 x の標準偏差 σ_x のみである.つまり,x の標準偏差のみ得られれば,オプションの VaR を計算することができる.

オプションの VaR を議論するとき,x の標準偏差 σ_x の計算方法は大きく3つに分かれる.1つは通常のデルタ法と同じく,過去データより計算する方法である.2つめは,過去の価格データに対して何らかの時系列モデルを当てはめ,そのモデルを用いてシミュレーション的に予測する方法.もう1つは,(5.25)式の BS式を用いて,インプライドな σ_x を算出する方法である.これらの方法につ

いては5.2.7項にて解説する．

5.2.6 ガンマを組み込んだ場合

以上のデルタ法は，原資産価格変動によらずデルタが一定であるという仮定をおいている．したがって，デルタが株式指数の変動によって変化する場合には（通常変化する），$\text{VaR}[P(x)] = \delta \times \text{VaR}[x]$ はあくまでも近似値を与える程度のものと理解しておく必要がある．もしデルタが一定でないときに正確な VaR を計測したいのであれば，ガンマを求めて計算するアプローチが必要である．以下はガンマを組み込んだ場合の計算である．

ガンマの性格上，ガンマのみでオプション価格を推計することはなく，必ずデルタと並列で用いられる．そこで(5.29)式を第2項まで採用し，

$$P(x+\Delta x) = P(x) + \frac{\partial P(x)}{\partial x}\Delta x + \frac{1}{2}\cdot\frac{\partial^2 P(x)}{\partial x^2}\cdot(\Delta x)^2 + \varepsilon((\Delta x)^2) \quad (5.40)$$

のように展開する．ここで，ガンマは

$$\Gamma = \frac{\partial^2 P(x)}{\partial x^2} \quad (5.41)$$

である．(5.40)式において $\varepsilon((\Delta x)^2)$ を無視すると

$$\Delta P(x) = P(x+\Delta x) - P(x) = \delta\Delta x + \frac{1}{2}\Gamma\cdot(\Delta x)^2 \quad (5.42)$$

となり，デルタとガンマおよび原資産の価格変動 Δx のみで $\Delta P(x)$ が表される．ただし，$\delta\Delta x$ が正規分布に従うとしても，$\Gamma(\Delta x)^2$ はカイ2乗分布に従うため，その合成である $\Delta P(x)$ は正規分布には従わない．オプションの価格変動の分散 σ_p^2 は，

$$\sigma_p^2 = \delta^2\sigma_x^2 + \delta\cdot\Gamma\cdot Cov(\Delta x, (\Delta x)^2) + \frac{1}{4}\Gamma^2\sigma_{x^2}^2 \quad (5.43)$$

となる．ここで，Δx が正規分布に従うため，$Cov(\Delta x, (\Delta x)^2)$ と $\sigma_{x^2}^2$ は計算可能である．

$$Cov(\Delta x, (\Delta x)^2) = E[(\Delta x)^3] - E(\Delta x)E(\Delta x^2) = \sigma^3 - \sigma\cdot\sigma^2 = 0$$

$$\sigma_{x^2}^2 = E[(\Delta x)^4] - (E[(\Delta x)^2])^2 = 3\sigma_x^4 - \sigma_x^4 = 2\sigma_x^4 \quad (5.44)$$

であるので，結局オプション価格の分散は，

$$\sigma_p^2 = \delta^2\sigma_x^2 + \frac{1}{2}\Gamma^2\sigma_x^4 \quad (5.45)$$

となる．このとき，$\Delta P(x)$ の分布型は正規分布ではないが，とりあえず正規分布に近いと仮定すれば，水準 99% の VaR については

$$\text{VaR}[P(x)] = 2.33\sqrt{\sigma_P^2} \tag{5.46}$$

と近似することができる．

さて，残る未知パラメータ，デルタとガンマを得られれば VaR を計算できることとなった．デルタは，(5.39)式と同様 $\delta = \Phi(d)$ である．ガンマについては，(5.25)と(5.42)式を解くことにより，求めることができる．

$$\Gamma = \frac{1}{\sigma_x x \sqrt{2\pi T}} e^{-\frac{d_1^2}{2}} \tag{5.47}$$

ここで，デルタのみでオプションリスクを定義していた場合と同様，株式指数の標準偏差 σ_x を計算し，代入すればよい．この σ_x の計算方法についても，デルタのみの場合と同様の方法が考えられる．

5.2.7 原資産ボラティリティの算出方法

これまでのオプション VaR 計算方法の解説より，原資産のボラティリティ σ_x の水準とそれの変動性を知ることが重要であることを説明した．現在，オプションリスク算定の際には，ボラティリティを算出する方法としておもに次の3通りの方法が採用される．

① 過去のデータからその標準偏差を推定するヒストリカル・ボラティリティ
② 過去の価格データからボラティリティの変動過程に数学的な仮定をおき，変化するボラティリティを予測推定する方法（ARCH，GARCH 等のモデルが用いられる）
③ BS 式に代表される価格決定モデルを用いて，市場価格から逆算して求めたインプライド・ボラティリティ

①の過去データより σ_x を算出する方法は，他資産のデルタ法と共通した方法であり，理論的整合性を保ちやすい．特に他資産との共分散（相関係数）を考慮した分析が必要な場合，この方法を採用することが無難である．また，データに対するウエイティング（4.2節参照）を自由に行うことができるので，他の資産に対しウエイティングを行っている場合も都合がよい．

②の分散を予測する時系列モデルによる方法については，どのような時系列モデルを仮定するかによって長所短所が異なる．もしこの分析に代表的な

GARCH系のモデルを用いるとするならば，他の資産との共分散を求めることは容易でない．また，データに対するウエイトを，他のリスクファクターと整合性を保つことについても，特別な工夫が必要である．ただ，この問題については時系列モデルの種類によっては解決不可能なことではない．

③のBS式からσ_xを逆算する方法は，市場参加者が現時点で想定している株式指数のボラティリティであり，①の過去データによる算出する方法に比較して時間整合性が高い．市場が大きく変動している場合には，この方法の方がより現実に則した値を得られるであろう．しかし，他の資産との整合性という意味では不都合な点が少なくない．特に，このケースでは株価指数を資産として別に持っている場合，本来同じσ_xであるのに，オプションのリスクを計算する場合と，株式のリスクを計算する場合で違う値を用いることになる．また，デルタ法により他のリスクファクターとの相関係数を計算する場合にも，このσ_xと共分散の整合性を保つことは困難である．

5.2.8 オプションポートフォリオのマッピング

これまで単一のオプションについてそのVaRの計算方法を説明してきた．しかし，現実には複数のオプションを同時に所有していることが一般的である．そのため株式や債券と同様，いくつかのリスクファクターを設定し，オプションのポートフォリオをリスクファクターにマッピングする必要がある．

具体的なマッピング手法はオプションの種類ごとに異なる．ここでは，代表的なアプローチを紹介する．ただし，これはあくまでも分析例であって，最善の手段であるとは限らない．

a. 金利オプション

金利性のオプションポートフォリオにおいては，主要金利の水準（デルタリスク）とボラティリティ（ガンマリスク）をリスクファクターとする．データはマーケットで観察できるインプライドのボラティリティを用いる．また，様々な期間のオプションの売り買いが存在していることから，それらを網羅するために10年までの期間で複数のリスクファクターを設定する．つまり，複数の原指標と複数のオプション残存期間のマトリックスとしてファクターが定義される．ファクター間では一般に線形配分によるマッピングを行うが，金利リスクの計量化（4.1節参照）の方法との整合性を考慮した方法をとる場合もある．

b．為替オプション

マーケットで観察できる為替オプションのボラティリティを用いることが多い．また，様々な残存期間が存在していることから，ポジションの残存期間に応じた複数のリスクファクターを設定する．ただし，オプション期間が短い場合，期間構造をもたないシングルファクターモデルによることもある．

c．株式オプション

日経平均などの指標性の原資産については，オプションのバリエーション自体が多くないため，マッピングは重要でない．個別株オプションについても，取引量が少ないためあまり重要視されておらず，代表的な方法というものはない．理論的にはシングルインデックスモデルで対応できる．

d．スワップション

金利性のオプションと同じように，原資産の残存期間とオプション期間のマトリックスのリスクファクターを想定する．その後，各オプションをリスクファクターに線形配分を行う．

5.3 株式のリスク

債券やオプションの価格変動に比較して，株式の動きは銘柄ごとにかなり違った動きをする．そのため，株式ポートフォリオのリスクを計量化する場合，銘柄の数だけリスクファクターを設定することが理想的である．しかし一般的には，ポートフォリオには多くの銘柄があり，銘柄数だけファクターを設定すると，ファクター間の相関などを計量化するのに多大な労力が必要となる．そこで，ファクター数を1つもしくは数個に限定し，各銘柄をそのリスクファクターにマッピングするという方法がとられる．

リスクファクターに何を設定するかによって，モデルのバリエーションが存在する．その最も典型的な例は**シングルインデックスモデル**である．これはTOPIXなどの市場インデックスを唯一のリスクファクターとするモデルである．

このとき，リスクファクターへのマッピングに際し，個々の銘柄の収益率が株価インデックスの収益率とどのような関係にあるのかを推定する必要がある．リスクファクターが1つなので，この作業は個別銘柄の収益率のインデックスに対

する感応度を以下の式によって求めればよい．

$$x_{i,t} = \alpha_i + \beta_i x_{M,t} + e_i \tag{5.48}$$

- $X_{i,t}$ ：銘柄 i の t 時点における収益率
- α_i ：銘柄 i の収益率の株式の株式指数に依存しない期待値（アルファ）
- β_i ：銘柄 i の収益率の株式指数との感応度（ベータ）
- $x_{M,t}$：TOPIX や S&P などの株式市場のインデックスの収益率
- e_i ：誤差項

この式で α_i は株式指数に連動しない収益であり，β_i は株式指数をリスクファクターとした感応度である．また，e_i は α_i と β_i で表現しきれない誤差であり，平均 0，分散 σ_i^2 の正規分布する確率変数とする．このように仮定することにより，過去データから通常の線形回帰分析で，α_i と β_i を求めることができる．

したがって，株式指数に連動する部分としては $\beta_i x_{M,t}$ となり，これに保有高を乗じた額がこのリスクファクターにマッピングされる額となる．よって，個別銘柄 i の保有高を s_i とすれば，インデックスに対する感応度 E_i は下式により得られる．

$$E_i = \beta_i s_i \tag{5.49}$$

インデックスの収益率 x_M の標準偏差を σ_M とすれば，株式ポートフォリオのボラティリティ σ_P は

$$\sigma_P = \sum_i^N E_i \cdot \sigma_M = \sigma_M \sum_i^N \beta_i \cdot s_i \tag{5.50}$$

となる（N は銘柄数）．よって VaR は

$$\text{VaR} = \theta \cdot \sqrt{t} \cdot \sigma_M \sum_i^N \beta_i \cdot s_i \tag{5.51}$$

によって求められる．

　以上，シングルインデックスモデルによるリスク計量化について説明したが，このほかにリスクファクターを複数設定したマルチファクターモデルがある．これは多くの銘柄の動きは「インデックスの動き＋誤差」によって説明されるが，銘柄によっては為替や金利など，他のリスクファクターの影響を受けるという考え方に基づいている．マルチファクターモデルはシングルインデックスモデル同様，線形回帰モデルの型をとり，ファクターが複数のため重回帰分析によってパ

ラメータを求める．

$$x_{i,t} = \alpha_i + \beta_i x_{M,t} + \sum_k \beta_{ik} x_{k,t} + e_i \tag{5.52}$$

$x_{k,t}$：株式指数以外のリスクファクター

また，海外の株式を保有している場合には，以上の作業を各国ごとに行う必要がある．この場合，各国の株式インデックスに何を設定するかが大きな問題になる．現在のところ，S&P 500 や FT 100 等の公表された指標をリスクファクターとする場合と，複数の指標や独自のユニバースをもとに，実情に応じたインデックスを独自に作成する場合とがある．

章 末 問 題

問題 5.1 表 Q.3 のようなキャッシュフローが想定される債券を保有しているとする．今，リスクファクターのグリッドポイントを，1年，2年，3年，5年と設定したとき，債券のキャッシュフローの感応度を保存する方法によりリスクファクターにマッピングせよ．

表 Q.3

キャッシュフロー発生時期	キャッシュフロー
1年6ヶ月後	5
2年6ヶ月後	5
3年6ヶ月後	105

問題 5.2 前問の条件で，債券の収益率をリスクファクターとし，1年，2年，3年，5年ファクターが以下の分散共分散行列の関係を持っていたとする．デルタ法を用いて，信頼水準 99% の VaR を算出せよ．

$$\begin{pmatrix} 0.01 & 0.01 & 0.01 & 0.02 \\ 0.01 & 0.02 & 0.01 & 0.03 \\ 0.01 & 0.01 & 0.04 & 0.04 \\ 0.02 & 0.03 & 0.04 & 0.06 \end{pmatrix}$$

問題 5.3 問題 5.1 の条件で，リスクファクターを金利水準とする．1年，2年，

3年，5年ファクターの現在の金利水準がそれぞれ，0.01, 0.02, 0.03, 0.04 であり，かつ分散共分散行列が以下に与えられたとき．前問同様にデルタ法を用いて，信頼水準 99% の VaR を算出せよ．

$$\begin{pmatrix} 0.008 & 0.004 & 0.002 & 0.001 \\ 0.004 & 0.004 & 0.001 & 0.001 \\ 0.002 & 0.001 & 0.002 & 0.001 \\ 0.001 & 0.001 & 0.001 & 0.001 \end{pmatrix}$$

6

モデルの評価の規準と方法

　前章までにリスク計測の計算方法について解説した．その過程で多くのバリエーションがあることを述べた．実際のリスク計量化では，これらのバリエーションの中から，最も適切なモデルを選択しなくてはならない．本章では，まず計算方法間の優劣を評価する規準を解説する．その後，計算方法の評価を過去の市場データによって行った例を紹介し，おおよその優劣について解説する．

6.1 モデル評価の規準

6.1.1 モデルの評価指標

　この章では，前章までに説明したリスク計量化モデルを評価する方法を解説する．リスク計量化モデルを作成した目的は，保有しているポートフォリオのリスク量を正確に把握し，今後の運用戦略などに適用するためであった．そのためにはリスク計量化モデルが正確なリスク量を算出できなければならない．ところが，リスク計測のモデルは多くの仮定のうえに成り立っており，その仮定が必ずしも正しくない場合，算出されたリスクは将来のリスクを正確に表さない．そのため，モデルが正しいかどうかを評価する必要がある．

　評価の方法のうち最も基本的な概念は，**バックテスト**と呼ばれるもので，保有期間の収益率が判明した後，計測したリスクが妥当かどうかを事後的に判定する方法である．

　図 6.1 に 1988 年から 1998 年までの，デルタ法による TOPIX の 10 日間 VaR 値とその後の 10 日間の収益率を示した．理想的には，下方 99%VaR を下回る回数は全体の 1% にならなければいけないが，TOPIX の fat-tail の性質がある

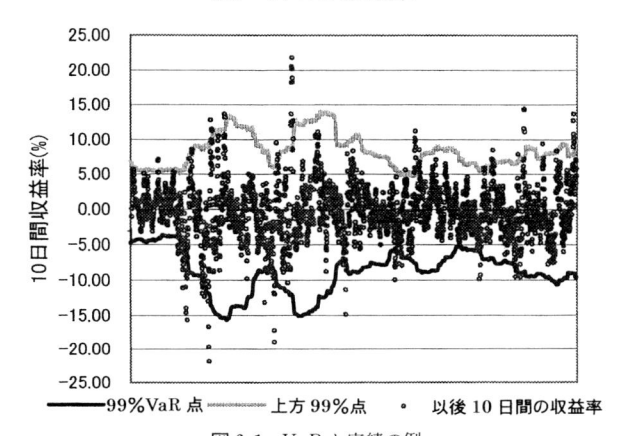

図6.1 VaRと実績の例
TOPIX日次データ（1998/1/1〜1999/3/31）より作成
（デルタ法＋Moving-Window法）．

ため，実際は1%になっていない．この理想と現実のずれが許容範囲にあるか，また複数のモデルでどれを採用すべきかを判断しなくてはならない．そのためにはバックテストの結果を評価する規準指標が必要である．

一般的な統計モデルのバックテストにおける評価規準として，統計学では多くの指標が開発されている．しかし作成したモデルの評価は，モデルを作成した目的によって行われるべきであり，汎用的な統計指標は実際には役に立たない．リスク計量化のモデルについても同じことがいえる．特にVaRのような，計算目的が必ずしも明確に定義されているものではない場合，その評価も1つの指標のみではかれるものではない．そこで実際には，いくつかの指標を求め，それらの結果から複合的に判断する．以下に，代表的な3つの指標を示す．ただし，③についてはBIS基準における銀行の立場を考慮した指標で，本質的なモデルの善し悪しとは関係がない．

① 評価指標 z_1：信頼区間を超えるリスクが発生した超過回数を検証する．
② 評価指標 z_2：収益率分布そのものの検証を行い，モデル間の比較を行う．
③ 評価指標 z_3：各内部モデルから求められるVaRの大きさを比較する．

6.1.2 超過回数による検証指標：z_1

信頼水準99%のモデルを作成した場合，単純に考えれば，100回の検証のう

表 6.1 99%VaR 点を超過した回数
TOPIX 日次データ（1988/1/1～1999/3/31）より作成
（デルタ法，観測期間 250 日，ウェイトなし）．

	Moving-Window法	ルート t 倍法
算出した日数	2570	2570
その後の10日間収益率が99%VaRを下回った回数	75	73
超過率（%）	2.92	2.84

ち 99 回は，VaR で予測する範囲内に収益率が収まっていないといけないことになる．しかし実際は表 6.1 に示すように，VaR の超過確率は 1% となるとは限らない．特に，fat-tail の傾向があるリスクファクターについては，VaR の超過確率は一般的に 1% より大きくなる．

特定のモデルで算出された VaR で，将来のリスクがカバーできているかどうかを検証する．保有期間 10 日のモデルでは，10 日後の収益率と算出された VaR とを比較する．例えば，N 日分のデータを対象に検証を行い，z_1 回が VaR で予測する範囲内に収益率が収まっていない日数（エラー日数）であるとする．もし，モデルが正しいなら，z_1 は 2 項分布 $B(N, 0.01)$ に従うはずである．したがって，

　　　帰無仮説 H_0：確率変数 z_1 は 2 項分布 $B(N, 0.01)$ に従う．

を右片側対立仮説で検定すれば，統計的に検証できる．

この方法が最も単純な検証方法である．この検定で一般に右片側検定を用いるのは，超過回数が少ないモデルは適切であるという，保守性の原則を尊重させるためである．

なお，この指標が有効であるためには，各回の試行が互いに独立であるという条件を満たさなくてはならない．しかし，VaR の時系列的な独立性を検証することは，相当の困難を要する．そもそも，VaR の計算は保有期間とデータの頻度が違っていることが一般的である．特に Moving-Window 法を採用している場合，i 日目に計算された $i+T$ 日までの VaR の推定値と，$i+1$ 日目から $i+T+1$ 日までの VaR がもともと独立ではないので，超過するかどうかという試行も独立ではない．

さらに，この方法は VaR の信頼水準のみをもとにした指標である．そのた

め,推定された将来の収益率分布が大きく違っていたとしても,たまたま99%点のみが一致している可能性がある.そのため,リスク計測モデルを評価する方法として適切ではない.そのため,次項以下で述べるような分布型全体をチェックできるような検証方法を併用する必要がある.

6.1.3 確率プロットを利用した収益率分布の検証指標:z_2

指標 z_1 が VaR の信頼水準の1点によって,予測した分布と得られた実績データの分布の同一性を評価していたのに対し,分布型全体を評価する方法である.

2種類の分布が同一であるかどうか,得られたデータがある分布に従うかどうかをチェックする手法として,**確率プロット**または P-P 図 (probability plot) という方法がある.これを利用した指標について解説しよう.

今リスク計測モデルによる算出を n 日間行ったとする.それぞれの保有期間の終了後に得られた収益率を $x_1, x_2, \cdots, x_t, \cdots, x_n$ とする.また,それぞれのモデルから求められた,t 日における予測の収益率分布を $f_t(x)$ とする.例えば,VaR 予測手法でデルタ法を使う場合,$f_t(x)$ は連続的な正規分布で,ヒストリカル法の場合は離散分布となる.連続分布を例に $f_t(x)$ の累積分布関数を次のように表す.

$$F_t(x) = \int_{-\infty}^{x} f_t(\xi) d\xi \tag{6.1}$$

この $F_t(x)$ に実際の t 日における収益率 x_t を代入すれば,x_t のパーセント点 $F_t(x_t)$ が得られる.そして,すべての t について $F_t(x_t)$ を計算する.

その値を昇順に並べかえた要素を新たに,$\dot{F}_1(\dot{x}_1), \dot{F}_2(\dot{x}_2), \cdots, \dot{F}_k(\dot{x}_k), \cdots, \dot{F}_n(\dot{x}_n)$ という記号で表す.ただし,

$$\dot{F}_1(\dot{x}_1) < \dot{F}_2(\dot{x}_2) < \cdots < \dot{F}_k(\dot{x}_k) < \cdots < \dot{F}_n(\dot{x}_n) \tag{6.2}$$

とおく.リスク計測モデルが適切であれば,$\dot{F}_1(\dot{x}_1)$ の値は $(1-0.5)/n$ であることが期待される.同様に考え,$\dot{F}_k(\dot{x}_k)$ の値は,$(k-0.5)/n$ であることが期待される.さらにすべての k について,$(k-0.5)/n$ の値を x 軸,$\dot{F}_k(\dot{x}_k)$ の値を y 軸にプロットすると,直線 $y = x$ に一致することが期待される(図6.2,図6.3).しかし,モデルの不正確さより,実際は直線上に並ぶことはない.このプロット図を P-P 図と呼び,直線との乖離の大きさで,モデルの適性度を視覚的にとらえることができる.

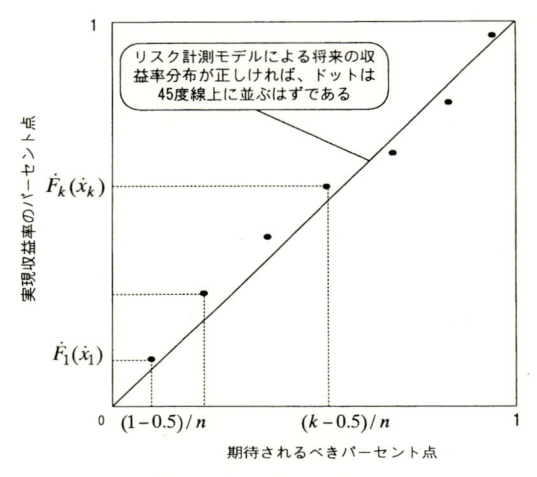

図6.2 確率プロット概念図

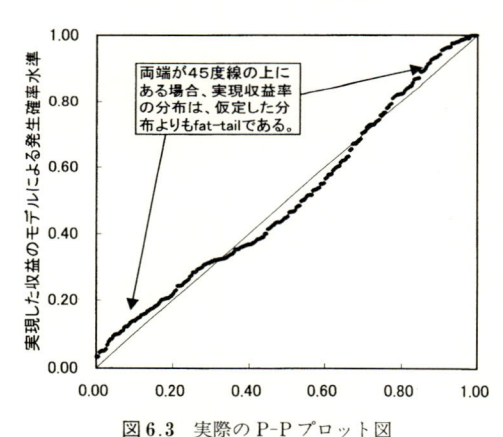

図6.3 実際のP-Pプロット図
TOPIX日次データ (1998/1/4〜19991/6) より作成
(デルタ法＋Moving-Window法，観測期間250日，
保有期間10日，ウエイトなし).

　実際にモデルの正確さを指標化するには，このプロットと45°線の乖離を数値化しなくてはならない．最も自然な数値化は，プロットを結んだ線と45°線に囲まれる部分の面積である（図6.4）．

6.1 モデル評価の規準

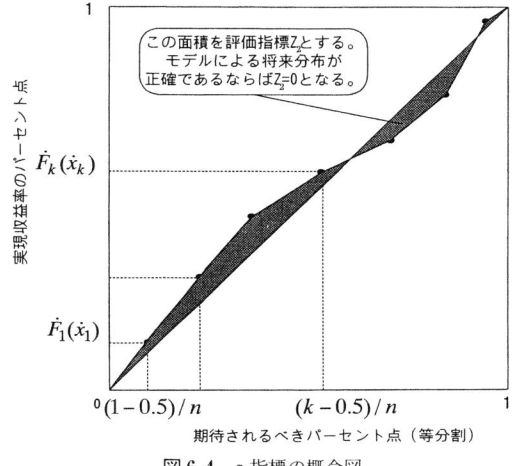

図 6.4 z_2 指標の概念図

$$z_2' = \frac{1}{n}\sum_{k=1}^{n}|\dot{F}_k(\dot{x}_k) - (k-0.5)/n| \tag{6.3}$$

折れ線は単調増加するので，統計量 z_2' は，図 6.3 の 45°線，$y=0$, $y=1$ で囲まれる直角二等辺三角形の面積 0.5 よりは小さくなる．そこで，統計量 z_2' を最小値 0，最大値 100 となるように基準化し，この指標をもって分布の検証を行う．

$$z_2 = z'_2 \cdot \frac{100}{0.5} = \frac{200}{n}\sum_{k=1}^{n}|\dot{F}_k(x_k) - (k-0.5)/n| \tag{6.4}$$

もちろん，単純に z_2 の値だけからはおしはかれない情報もグラフには含まれている（例えば図 6.3 参照）．しかし，収益率分布の検証を行い，複数のモデルを比較するのであれば，このような指標の方が使い勝手がよい．

6.1.4 VaR の大きさを比較する指標：z_3

リスク計測にもいろいろな目的がある．純粋にポートフォリオのリスクを管理し将来の投資戦略を検討するのが目的の場合もあるが，ときには BIS 規制や金融監督庁の公的規制のために，金融機関が保有資産の VaR を計算しなくてはならないケースがある．例えば BIS 規制においては，各銀行に対し算出される

VaR の値に相当する自己資本を保有することを義務づけている．つまり，銀行にとっては VaR が大きいと，自己資本を多く保有することが義務づけられることになり，経営上の負担が増える．そこで，正規の計算方法であるができるだけ VaR が小さく算出される方法が求められている．

今，t 日において算出された VaR 値を VaR$[t]$ とする．n 日分の VaR$[t]$ を計算する．そして，次のような統計量で，各モデルにおける VaR の大きさを比較する指標を定める．

$$z_3 = \frac{1}{n} \sum_{t=1}^{n} \text{VaR}[t] \tag{6.5}$$

ただし，この指標はモデルの本質的な正確さを表現するものではない．あくまでも規制のもとで，VaR を小さく抑えたい金融機関のニーズに基づいたものであるので，それ以外の投資家には必要のない指標である．

BOX-11　z_2 指標とジニ係数

z_2 の指標は，確率分布の類似性を確率プロットと 45°線で囲まれた部分の面積で表現される（6.1.3 項参照）．この考え方は，経済学のジニ係数の算出と類似している．ジニ係数は世帯間の所得格差を国家間などで比較する場合に用いる指標である．世帯間の所得格差を比較する場合には，世帯の相対累積度数と所得金額の相対累積度数を結んで作られる**ローレンツ曲線**（上記の確率プロットに相当）が利用されるが，ローレンツ曲線の形状だけでは，一元的な判断を下すことができないため，通常は格差を数値で示したジニ係数を利用する．この指標は，統計手法からみると容易に理解できるが，分布の散らばりあるいは集中の程度と関連を持つ．さらに，近年公理論的な特徴づけが行われたことにより，詳細な性質が明らかにされており，少なくともローレンツ曲線がもつ，

① 匿名性（データの要因を反映しない）
② 測定単位からの独立
③ 相対度数分布のみへの依存
④ 準凹性の性質

などの性質は，不公平性を検討する指標として望ましいとされている．ただし，z_2

については，④ の準凸性は保証されない．

6.2 バックテストの設計

前節で解説したリスク計量モデルの評価指標を用いて，モデルのバリエーション間の優劣を比較してみよう．

ここでは，VaR 予測手法をヒストリカル法，デルタ法に限定する．モンテカルロ法を分析対象から外すのは，モンテカルロ法は採用する時系列モデルによって結果は千差万別であり，そのうちの1つを例に解析してみたとしても，労力のわりに得るものは少ないからである．また，過去データに重みづけは行わない．要因が多すぎることによる煩雑さを回避するためである．以下に実験条件について解説する．

6.2.1 モデル評価の実験条件

全資産の保有期間1日および10日のボラティリティを推定する場合を考える．次にあげるモデル間の相違がボラティリティ予測に与える影響を，前節で解説した3つの評価指標 z_1, z_2, z_3 を用いて比較・検討する．

① 予測手法の違い（ヒストリカル法，デルタ法）
② 観測期間の違い（過去 250 日，500 日，750 日）
③ 保有期間の違い（1 日，10 日）
④ 保有期間 10 日のボラティリティを予測する場合に考えられる次のようなモデル間の相違（Box-Car 法，Moving-Window 法，ルート t 倍法）

以上の予測手法の違い，観測期間の違い，保有期間の違い，保有期間 10 日のボラティリティを予測する場合のモデル間の相違の組合せで，複数のモデルが考えられる．これから，それぞれの要素ごとに分析するモデルの詳細を説明する．

なお，リスク計測の対象となるポートフォリオは，次にあげる7つの資産クラスすべてについて，等しい割合で資産を保有している場合を対象にした．

① 現在価値1の TOPIX
② 現在価値1の S&P 500（為替ヘッジあり）
③ 現在価値1の USD 外国為替

④ 現在価値1の円 LIBOR（1 M）
⑤ 現在価値1のドル LIBOR（1 M）（為替ヘッジあり）
⑥ 現在価値1の円スポットレート（3 Y）
⑦ 現在価値1のドルスポットレート（3 Y）（為替ヘッジあり）

なお，各資産のリスクファクターの算出の方法や収益率の定義などの詳細は，6.4節に「補論」として記載した．

6.2.2 評価指標の計算方法

本項では，実験で適用するリスク計量化手法ごとに，評価指標 z_1, z_2, z_3 の導出方法について説明する．

a. 評価指標 z_1（超過回数）

i) ヒストリカル法を用いた場合

ヒストリカル法の場合，検証対象日 τ ごとに収益率分布の小さい方から1%点（最大損失収益率）を代表する値を取り出す必要がある．

Box-Car法の場合を除く各 d（観測期間）での代表値は次のようになる．

① $d = 250$：小さい方から3番目の収益率
② $d = 500$：小さい方から5番目の収益率と6番目の収益率との平均値
③ $d = 750$：小さい方から8番目の収益率

Box-Car法の場合，分析に使用するデータ数が少ないので1%点（最大損失収益率）を代表する値が存在しないモデルが発生する．1%点の推定に関しては，BOX-9（96ページ）のように扱った．

上記の手法で得られた，それぞれの τ での収益率と，実際の収益率とを比較する．

① 保有期間1日の場合：$x_\tau^{(1)}$ と比較する．
② 保有期間10日の場合：$x_\tau^{(10)}$ と比較する．

この検証を，全期間に属するすべての τ について行う．それぞれのモデルごとに，予想される最大損失より大きな実際の損失が発生した日をカウントし，その値を評価 z_1 とする．

ii) デルタ法の場合

分散共分散法では，将来の収益率が次の分布で与えられる．

$$N(\mu_{all}, \sigma_{all}) \tag{6.6}$$

この収益率分布から VaR は次の量で予想される．

$$\mu_{all} - 2.33\sigma_{all} \tag{6.7}$$

この値と，実際の収益率とを比較する．比較方法はヒストリカル法の場合と同じである．

この検証を，全期間に属するすべての τ について行う．それぞれのモデルごとに，予想される最大損失より大きな実際の損失が発生した日をカウントし，その値を z_1 とする．

b．評価指標 z_2（収益率分布の形状）

i) ヒストリカル法の場合

ヒストリカルシミュレーションの場合，将来の収益率分布は離散分布で得られ，それを次のように表す．

$$f_\tau(x) \tag{6.8}$$

この $u_\tau(x)$ の累積分布を次のように表す．

$$F_\tau(x) = \sum_{\xi=-\infty}^{x} f_\tau(\xi) \tag{6.9}$$

$F_\tau(x)$ の x に，実際の収益率 X_τ を代入すれば，将来の収益率に対するパーセント点が得られる．モデルにより代入する値は異なり，具体的には次の値を代入する．

① 保有期間 1 日の検証の場合：$X_\tau^{(1)}$ を代入する．
② 保有期間 10 日の検証の場合：$X_\tau^{(10)}$ を代入する．

ヒストリカル法の場合，実際の収益率 X_τ は $F_\tau(x)$ に属する 2 つの収益率 x_1, x_2 にはさまれる形となる．

$$x_1 \leq X_\tau \leq x_2 \tag{6.10}$$

したがって，次のような線形補間により，$F_\tau(X)$ の値を推定する．

$$F_\tau(X_\tau) = \frac{F_\tau(x_1)(x_2 - X_\tau) - F_\tau(x_2)(x_1 - X_\tau)}{(x_2 - X_\tau) - (x_1 - X_\tau)} \tag{6.11}$$

ヒストリカル法では，過去の収益率データに存在しない大きな損失額が発生すると，$F_\tau(X_\tau) = 0$ となり，また，過去の収益率データに存在しない大きな利益

が生じると $F_\tau(X_\tau) = 1$ となる.

すべての分析対象期間について収益率を代入し,$F_\tau(X_\tau) = 0$ を計算する.得られた $F_\tau(X_\tau) = 0$ のデータ集合を使って z_2 を算出する.

ii) デルタ法の場合

デルタ法では,将来の収益率が正規分布で与えられる.この収益率分布の累積分布を次のように表す.

$$F_\tau(x) = \int_{-\infty}^{x} f_\tau(\xi) d\xi \tag{6.12}$$

$F_\tau(x)$ の x に,実際の将来の収益率を代入すれば,将来の収益率に対するパーセント点が得られるが,モデルにより代入する値は異なる.具体的に代入する値や z_2 の算出については,ヒストリカル法の場合と同じである.

c. 評価指標 z_3(算出 VaR の大きさ)

i) ヒストリカル法の場合

ヒストリカル法の場合,τ 日における VaR は,前節で述べた各モデルの 99% を代表する値の絶対値で得られる.この値を VaR_τ とし,すべての分析期間について VaR_τ を算出,得られたデータ集合を用いて z_3 を算出する.

ii) デルタ法の場合

デルタ法の場合,τ 日における VaR は,推定された標準偏差 σ_τ を用いると,$2.33\sigma_\tau$ で計算される量である.この値を VaR_τ とし,z_3 を算出する.

以上,各モデルについて説明した.このバックテストにおける検証モデルは(観測期間 3)×(保有期間 4)×(分析手法 2)の 24 パターンとなる.この結果について次節で解説する.

6.3 バックテストの結果とモデルの優劣

前項で定義した検証実験を行った結果を集計し,リスク計測モデル優劣を比較する.

6.3.1 保有期間を1日とした場合のモデルの優劣

集計結果を,分析の対象となる保有期間の観点から大きく2分する.すなわ

6.3 バックテストの結果とモデルの優劣

表 6.2 保有期間 1 日のモデル比較 ①
超過回数の検証（1500 営業日）

観測期間	分析手法	超過回数
250 日	ヒストリカル法	17
	デルタ法(分散共分散法)	21
500 日	ヒストリカル法	8
	デルタ法(分散共分散法)	14
750 日	ヒストリカル法	9
	デルタ法(分散共分散法)	16

表 6.3 保有期間 1 日のモデル比較 ②
収益率分布の検証（1500 営業日）

観測期間	分析手法	z_2
250 日	ヒストリカル法	1.0
	デルタ法(分散共分散法)	4.7
500 日	ヒストリカル法	1.4
	デルタ法(分散共分散法)	5.5
750 日	ヒストリカル法	1.3
	デルタ法(分散共分散法)	5.6

（最大値 100，最小値 0．小さいほど適合度が高い）

表 6.4 保有期間 1 日のモデル比較 ③
算出 VaR 値の検証（1500 営業日）

観測期間	分析手法	z_3
250 日	ヒストリカル法	0.043
	デルタ法(分散共分散法)	0.039
500 日	ヒストリカル法	0.046
	デルタ法(分散共分散法)	0.040
750 日	ヒストリカル法	0.047
	デルタ法(分散共分散法)	0.040

ち，保有期間 1 日と保有期間 10 日のモデルに分類する．その後，異なる 3 つの検証指標ごとに結果を集計する．

はじめに，保有期間 1 日のモデルについて結果を集計する．なお，データが日次ベースであるため，このモデルには保有期間の変換に関するバリエーションはない．

超過回数を検証する評価指標の計算結果は，表 6.2 となる．表より，すべてのモデルについて 134 ページで示した帰無仮説は棄却されなかった．単一資産と比べ複数資産の場合は，中心極限定理により収益率が正規分布に収束したため，帰無仮説が棄却されなかったと考えられる．なお，観測期間が 250 日のモデルの超

過回数が最も多かった．

次に保有期間1日のモデルで，収益率の分布形状を検証する評価指標の計算結果は，表6.3で与えられる．最も分布の再現性が高いのは，観測期間が250日でヒストリカル法を用いるモデルとなった．また，全般的にデルタ法よりもヒストリカル法の方が，分布の再現性にすぐれている．この結果は，複数資産の場合においても収益率に正規分布の仮定をおくことに問題点があることを示している．

また，保有期間1日のモデルで，算出VaRの大きさを検証する評価指標の計算結果は，表6.4で与えられる．

6.3.2 保有期間の処理法を含めた結果

保有期間10日のモデルについて結果を集計する．超過回数を検証する評価指標 z_1 の計算結果は，表6.5となる．

表より，観測期間250日でBox-Car法を用いるモデル，および観測期間250日でルートt倍法＋デルタ法を用いるモデルでは，帰無仮説は棄却された．単一資産の検証実験と同様，観測期間が長くなれば，超過回数が減少する傾向がみられた．

表6.5 保有期間10日のモデル比較 ①
超過回数の検証（1500営業日）

観測期間	保有期間の処理	分析手法	z_1
250日	Box-Car法	ヒストリカル法	*55
		デルタ法(分散共分散法)	*31
	Moving-Window法	ヒストリカル法	22
		デルタ法(分散共分散法)	24
	ルートt倍法	ヒストリカル法	16
		デルタ法(分散共分散法)	*30
500日	Box-Car法	ヒストリカル法	19
		デルタ法(分散共分散法)	11
	Moving-Window法	ヒストリカル法	8
		デルタ法(分散共分散法)	9
	ルートt倍法	ヒストリカル法	5
		デルタ法(分散共分散法)	12
750日	Box-Car法	ヒストリカル法	12
		デルタ法(分散共分散法)	12
	Moving-Window法	ヒストリカル法	12
		デルタ法(分散共分散法)	9
	ルートt倍法	ヒストリカル法	6
		デルタ法(分散共分散法)	16

＊：有意水準99%の片側検定により棄却される．

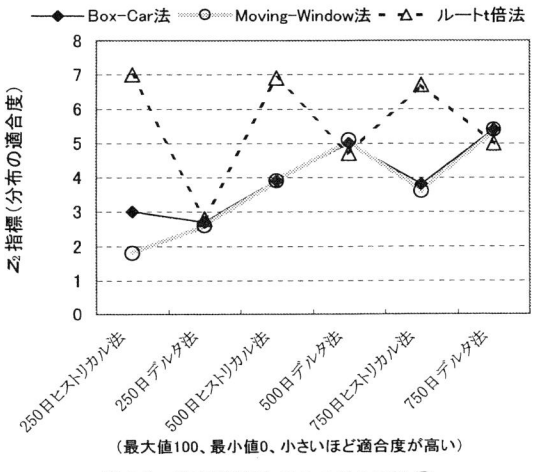

6.3 バックテストの結果とモデルの優劣

図 6.5 保有期間 10 日のモデル比較 ②
収益率分布の検証

次に，収益率の分布形状を検証する評価指標 z_2 の計算結果を図 6.5 に示す．

グラフより，収益率分布の再現性が最もすぐれているのは，観測期間 250 日，Moving-Window 法＋ヒストリカル法の組合せのモデルとなった．この組合せのモデルは，単資産の検証実験においても安定してすぐれた結果が得られる．BIS 規制に基づく VaR の算出に関して，最適なモデルといえよう．

また，ヒストリカル法＋ルート t 倍法の組合せモデルは，分布形状の再現性に問題があることが判明した．

分析手法にデルタ法を適用するモデルでは，観測データの取り扱い（Box-Car 法，Moving-Window 法，ルート t 倍法）の違いによる影響はほとんど変化がない．しかし，ヒストリカル法を適用するモデルでは，前述のとおりルート t 倍法では問題が生じ，また，使用データ数が少ない観測期間 250 日，Box-Car 法との組合せのモデルでも，デルタ法より収益率分布の再現性が悪くなった．

使用データ数が少ない観測期間 250 日，Box-Car 法のモデルを除けば，Moving-Window 法，Box-Car 法双方のモデルで，分析手法がデルタ法のモデルよりもヒストリカル法のモデルの方が分布の再現性がすぐれている．BIS 規制を前提としたバックテストでは，パラメトリックなデルタ法よりも，ノンパラメトリックのヒストリカル法の方がリスク管理モデルとしてすぐれていると考えられ

表6.6 保有期間10日のモデル比較③
算出 VaR 値の検証（1500 営業日）

観測期間	保有期間の処理	分析手法	z_3
250日	Box-Car 法	ヒストリカル法	0.144
		デルタ法(分散共分散法)	0.131
	Moving-Window 法	ヒストリカル法	0.133
		デルタ法(分散共分散法)	0.130
	ルート t 倍法	ヒストリカル法	0.138
		デルタ法(分散共分散法)	0.124
500日	Box-Car 法	ヒストリカル法	0.141
		デルタ法(分散共分散法)	0.136
	Moving-Window 法	ヒストリカル法	0.146
		デルタ法(分散共分散法)	0.135
	ルート t 倍法	ヒストリカル法	0.145
		デルタ法(分散共分散法)	0.127
750日	Box-Car 法	ヒストリカル法	0.153
		デルタ法(分散共分散法)	0.136
	Moving-Window 法	ヒストリカル法	0.150
		デルタ法(分散共分散法)	0.135
	ルート t 倍法	ヒストリカル法	0.148
		デルタ法(分散共分散法)	0.127

る．

また，保有期間10日のモデルで，算出 VaR の大きさを検証する評価指標 z_3 の計算結果は，表6.6で与えられる．

表から，分析手法がヒストリカル法の場合，デルタ法のモデルより算出 VaR が大きい．また，データの取り扱いにルート t 倍法を用いるモデルでは，分析手法の違いにより算出される VaR の値の差異が大きくなった．

6.3.3 モデル評価のまとめ

本節では，バックテストの典型的な結果を紹介した．その結果をまとめると以下のようになる．

① 観測期間250日，Moving-Window 法＋ヒストリカル法の組合せのモデルが，超過回数，分布形状の検証でともにすぐれている．

② 多くの銀行では BIS 規制内部モデルにデルタ法を利用している．しかし，本検証実験の結果から，ノンパラメトリックなヒストリカル法の方が，性能的にすぐれていることが実証された．

もちろん，この結果は所有するポートフォリオや検証期間などの条件の違いに

よって変化することが考えられる．しかし，他のシミュレーション結果を参照しても，同様の結果が示唆されており，この結論はある程度普遍的なものであると思われる．

また，ウエイティングの影響やモンテカルロ法の効果など，このほかにも検証すべき課題が多い．これらの検証結果は例えば萩山・山下(1998)などを参照していただきたい．以下はその結果を簡単にまとめたものである．

(1) 基本予測モデルについて

単一資産においては，超過回数，および分布形状の検証結果から，リスク分析手法として，デルタ法よりヒストリカル法の方がすぐれている．収益率分布に正規分布を想定するモデルでは，分布の再現性に問題があり，信頼水準99%のもとでVaRを算出するには適切でないと考えられる．時系列ARモデルを用いた疑似実験による検証でも，ヒストリカル法の優位性は変わらなかった．

(2) 10日間のボラティリティを予測する場合について

保有期間10日間のボラティリティを予測する場合，ヒストリカル法＋ルートt倍法を用いる場合は，問題が生じる．また，観測期間が1年でBox-Car法を用いる場合は，使用できるデータ数が少なすぎるため，VaRが極端に間違うことがある．

(3) 観測期間について

対象とする資産によって最適と考えられる観測期間が違う．しかし，多くの資産について観測期間が1年のモデルがすぐれている．

(4) データへの重みづけについて

観測データの重みづけは，収益率分布推定にほとんど影響を与えない．BIS規制では，重みづけの重心が最低過去6ヶ月以上であることを要求している．この条件がある限り，BIS規制においてはデータに重みづけを行うことは，ほとんど無意味であることがわかった．

6.4 補論

6.4.1 リスクファクターの計算方法

本章中のバックテストにおける各資産の収益率は，以下の定義によるものを用いている．

国内株式の資産クラスでは,東京証券取引所一部に上場されている全銘柄の時価総額を指標化した値である TOPIX を検証の対象とした.これは個々の銘柄に依存する指標よりも,全株式銘柄の値動きを示すインデックス指標を用いる方が,リスク管理が行いやすいためである.インデックス指標は他にも日経平均(日経225),日経300 などがあるが,株式資産全体のリスクを把握する面では TOPIX が妥当であると判断した.

TOPIX の指標には株式の配当は含まれていない.実務的には配当も含めたインデックスが用いられるが,研究上は TOPIX を使うことでさしつかえないと判断した.また,同様の理由で国外株式の資産クラスとして S&P 500 を選択した.

国内外の短期金利指標として,それぞれ1ヶ月の円,ドル LIBOR を選択した.国内外の長期期金利指標として,それぞれ3年の円,ドルスポットレートを選択した.

金利のリスクファクターとしては信用度が最高の国債スポットレートを採用する.なお,分析にあたって必要とする円およびドルのスポットレートは,LIBOR (12 M),スワップレート (2 Y),スワップレート (3 Y) の指標を使って導出する.具体的には次のような作業でスポットレート (1 Y, 2 Y, 3 Y) を順次導出する.

a. スポットレート (1Y) の導出

1年ものスポットレート $r_{\text{SPR}}(1Y)$ は12ヶ月の LIBOR $r_{\text{LIBOR}}(1Y)$ に等しいと考える.

$$r_{\text{SPR}}(1Y) = r_{\text{LIBOR}}(1Y) \tag{6.13}$$

b. スポットレート (2Y) の導出

2年ものスポットレート $r_{\text{SPR}}(2Y)$, $r_{\text{SPR}}(1Y)$ および2年ものスワップレート $r_{\text{SWP}}(2Y)$ との間には次の関係式が成立する.

$$100 = \frac{100 \cdot r_{\text{SWP}}(2Y)}{1 + r_{\text{SPR}}(1Y)} + \frac{100 \cdot r_{\text{SWP}}(2Y)}{(1 + r_{\text{SPR}}(2Y))^2} + \frac{100}{1 + (r_{\text{SPR}}(2Y))^2} \tag{6.14}$$

この式を $r_{\text{SPR}}(2Y)$ について解けばよい.

c. スポットレート (3Y) の導出

3年ものスポットレート $r_{\text{SPR}}(3Y)$, $r_{\text{SPR}}(2Y)$, $r_{\text{SPR}}(1Y)$ および3年ものスワップレート $r_{\text{SWP}}(3Y)$ との間には次の関係式が成立する.

$$100 = \frac{100 \cdot r_{\text{SWP}}(3\text{Y})}{1 + r_{\text{SPR}}(1\text{Y})} + \frac{100 \cdot r_{\text{SWP}}(3\text{Y})}{(1 + r_{\text{SPR}}(2\text{Y}))^2} + \frac{100 \cdot r_{\text{SWP}}(3\text{Y})}{(1 + r_{\text{SPR}}(3\text{Y}))^3}$$
$$+ \frac{100}{(1 + r_{\text{SPR}}(3\text{Y}))^3} \quad (6.15)$$

この式を $r_{\text{SPR}}(3\text{Y})$ について解けばよい．

金利リスクファクターの VaR 算出に当たっては，現在価値での収益率分布を求める必要がある．したがって，株価や金利の指標 $r_i(t)$ から収益率を求める必要がある．ここでは対数収益率を収益率として用いる．

6.4.2 資産ごとの収益率の定義
a. 株式，外国為替の収益率
国内外の株式インデックス指標，および外国為替の場合，t 日における日次収益率 $x_t^{(1)}$ は次の式で定義する．

$$x_t^{(1)} = \ln \frac{p_t}{p_{t-1}} \quad (6.16)$$

同様に t 日における 10 日間の収益率 $x_t^{(10)}$ は次の式で定義する．

$$x_t^{(10)} = \ln \frac{p_t}{p_{t-10}} \quad (6.17)$$

外国株式のような外貨ベースのインデックス指標は，日本円ベースの収益率に変換するより，外貨ベースの収益率で定義した方が，リスク管理上都合がよい．これは，資産に含まれるリスクを分解してとらえることができるためである．つまり，仮に日本国内で外国株式を保有する場合，外国株式のリスクと外国為替のリスクとの2種類のリスクを保有していると考えればよいからである．

b. 短期金利資産の収益率
短期金利資産の円 LIBOR (1 M)，ドル LIBOR (1 M) については，金利を単利の取り扱いとした．また，市場リスク管理では保有期間中の金利の受け取り収益は考えないので，単純に金利変動による収益のみを収益率として定義する．

$t - 1$ 日において，1 年後の将来価値が 1 の円 LIBOR (1 M) の現在価値 p_{t-1} は次の式で与えられる．

$$p_{t-1} = \frac{1}{1 + r_{t-1}/12} \quad (6.18)$$

将来価値はそのままで,翌日の金利が r_t に変化したときの現在価値は次の式で与えられる.

$$P_t = \frac{1}{1+r_t/12} \tag{6.19}$$

よって,円 LIBOR (1 M) の日次収益率を次の式で定義する.

$$\begin{aligned} x_t^{(1)} &= \ln\frac{p_t}{p_{t-1}} \\ &= \ln\frac{12+r_{t-1}}{12+r_t} \end{aligned} \tag{6.20}$$

同様に,円 LIBOR (1 M) の 10 日間の収益率を次の式で定義する.

$$x_t^{(10)} = \ln\frac{12+r_{t-10}}{12+r_t} \tag{6.21}$$

さらに,ドル LIBOR (1 M) の場合も同様の議論が展開され,上式を用いて日次収益率,10 日収益率を計算する.

c. 長期金利資産の収益率

本研究で用いる長期金利資産の円スポットレート (3 Y),ドルスポットレート (3 Y) については,金利を複利の取り扱いとした.$t-1$ 日において,3 年後の将来価値が 1 の円スポットレート (3 Y) の現在価値 p_{t-1} は次の式で与えられる.

$$p_{t-1} = \left(\frac{1}{1+r_{t-1}}\right)^3 \tag{6.22}$$

将来価値はそのままで,翌日の金利が r_t に変化したときの現在価値は次の式で与えられる.

$$p_t = \left(\frac{1}{1+r_t}\right)^3 \tag{6.23}$$

よって,円スポットレート (3 Y) の日次収益率を次の式で定義する.

$$\begin{aligned} x_t^{(1)} &= \ln\frac{p_t}{p_{t-1}} \\ &= \ln\frac{1+r_{t-1}}{1+r_t} \end{aligned} \tag{6.24}$$

同様に,円スポットレート (3 Y) の 10 日間の収益率を次の式で定義する.

$$x_t^{(10)} = \ln\frac{1+r_{t-10}}{1+r_t} \tag{6.25}$$

さらに,ドルスポットレート (3 Y) の場合も同様の議論が展開され,上式によって定義される.なお,資産比率を等分においているので,個々の資産におけ

る収益率を x_i とする.全資産の収益率 x_{all} は,次の式で与えられる.

$$x_{\text{all}} = \sum_i x_i \tag{6.26}$$

6.4.3 比較対象の整理

a. 観測期間の違い

各資産クラスの収益率を予測するためには,予測を行う日からさかのぼった過去データを用いる必要がある.BIS 規制ではモデルの定量的条件として,最低過去 1 年(250 営業日)分の過去データを用いることを要求している.

観測期間の長さに関するパラメータを d とする.収益率分布を予測するために使用する過去データに関するバリエーションは以下の 3 種類である.

① 過去 250 営業日分のデータを重みづけを行わずに用いる.
② 過去 500 営業日分のデータを重みづけを行わずに用いる.
③ 過去 750 営業日分のデータを重みづけを行わずに用いる.

b. 保有期間の違い

BIS 規制では,10 日の保有期間に対する VaR 算出を要求しているが,バックテストに関しては 1 日の保有期間を対象に行うことを要求している.そこで,ここでは保有期間 1 日の場合と 10 日の場合を検証し,さらに 10 日保有期間に対しては,Box-Car 法,Moving-Window 法,ルート t 倍法の 3 つの方法を分析する.つまり,次の 4 種類が考えられる.

① 日次収益率から保有期間 1 日のリスクを推定する.
② 重複のない 10 日間の収益率データを使用して保有期間 10 日のリスクを推定する(Box-Car 法).
③ 重複する 10 日間の収益率データを使用して保有期間 10 日のリスクを推定する(Moving-Window 法).
④ 日次収益率からルート t 倍ルールを適用し,保有期間 10 日のリスクを推定する(ルート t 倍法).

c. バリュー・アット・リスク予測手法の違い

デルタ法(分散共分散法)とヒストリカル法により,第 3 章の解説に従ってポートフォリオの将来分布を計測する.

章 末 問 題

問題 6.1 リスク計測モデルが正確に 99%VaR 値を計算できると仮定する．X 日間 VaR を計算したとき，実績値が VaR を超過する回数が z_1 となる確率 $P(z_1)$ はいくらか．また，計算日数を $X = 250$ 日とした場合，95% 有意水準の検定で，この仮定が却下される超過回数は何回であるか．

問題 6.2 あるポートフォリオの 1 日 VaR を 10 日間にわたってデルタ法により算出した．算出方法結果とその後の実績値が表 Q.4 のとおりであったとする．本文で取り上げたモデルの評価指標 z_1（VaR の超過回数），z_2（分布からの乖離），z_3（VaR 値）を求め，モデルを評価せよ．ただし，以下の VaR は $\mu - 2.33\sigma$ を表している．

表 Q.4

評価日	平均値	標準偏差	99%VaR	実績値
1	0.0	1.2	-2.80	1.5
2	0.0	1.0	-2.33	-2.5
3	0.1	1.2	-2.80	0.1
4	0.0	1.0	-2.33	0.2
5	0.0	1.2	-2.80	1.1
6	0.1	1.0	-2.23	-2.5
7	0.0	1.2	-2.80	-0.5
8	0.0	1.0	-2.33	0.5
9	0.1	1.2	-2.70	0.3
10	0.1	1.2	-2.70	-0.6

問題 6.3 モデル A〜D の評価指標が表 Q.5 のように与えられているとする．このとき，各モデルの優劣を比較せよ．ただし，評価日数は 1000 日である．

表 Q.5

	超過回数 z_1	分布適合度 z_2	VaR 値 z_3
モデル A	40	3.05	0.144
モデル B	18	1.83	0.133
モデル C	3	2.75	0.163
モデル D	30	2.25	0.110

A

章末問題の略解

問題 2.1

1) 日次ボラティリティ $\sigma = \sqrt{\dfrac{1}{n-1}\sum_{i}^{n}(x_i-\bar{x})^2} = 0.866$
2) $\text{VaR}_{99} = 2.336 \times 0.866 = 2.017$
3) ① $E_1 = (-1.4)/(-0.4) = 3.5$, ② $\bar{E} = 0.32$, ③ $E = \beta = 0.537$

問題 2.2 一様分布の密度関数を

$$f(x) = \begin{cases} a & \left(-\dfrac{1}{2}a \leq x < \dfrac{1}{2}a\right) \\ 0 & \left(x < -\dfrac{1}{2}a,\ \dfrac{1}{2}a \leq x\right) \end{cases}$$

とすると,標準偏差は $\sigma = 1/12\,a$ で与えられる.このとき分布関数は

$$F(x) = \begin{cases} 0 & \left(x < -\dfrac{1}{2}a\right) \\ ax + \dfrac{1}{2} & \left(-\dfrac{1}{2}a \leq x < \dfrac{1}{2}a\right) \\ 1 & \left(\dfrac{1}{2}a \leq x\right) \end{cases}$$

$F(x) = 0.01$ となる点は

$$\text{VaR}_{99} = -\dfrac{0.49}{a}$$

$$\theta = -\dfrac{\text{VaR}_{99}}{\sigma} = 0.49 \times 12 = 5.88$$

問題 2.3　$N=50$ より $G_{0.05} = \sqrt{2/\pi} - 1.96 \times (1/50) \times (1-2/\pi) = 0.784$ となる．よって，常数収益率の場合 $G = 0.787 > G_{0.05}$，対数収益率の場合 $G = 0.785 > G_{0.05}$ で，どちらの場合も正規分布という仮定は棄却されない．

問題 2.4　下方 2 標準偏差の収益率およびストレステスト・パーセント点．VaR ではなく標準偏差を規準にした下方リスクに定義すると，分布形状による影響が軽減される反面，その発生確率を把握することができなくなり，実務的に使いづらい．ストレステストの長短については，3.6 節を参照．

問題 3.1　各指標の対数収益率を計算したのち，
1) 式 (3.11) より，$E_1 = 1.70$，$E_2 = 2.02$
2) $\sigma_1 = 1.16$，$\sigma_2 = 0.94$，$\rho = 0.01$
3) $\sigma_\rho = \boldsymbol{EZE} = 2.74$，$\text{VaR}_{99} = 2.74 \times 6.39 = 6.39$

問題 3.2　$\boldsymbol{A}$ の要素を a_{ij} と記述すると，コレスキー分解式 (3.59) により
$a_{11} = \sqrt{\rho_{11}} = 1$,
$a_{21} = \rho_{21} = 0.5$,
$a_{22} = \sqrt{\rho_{22} - a_{21}^2} = \sqrt{1 - (0.5)^2} = 0.866$,
$a_{31} = \rho_{31} = 0.2$,
$a_{32} = \dfrac{1}{a_{22}}(\rho_{32} - a_{31}a_{21}) = \dfrac{0.4 - 0.2 \times 0.5}{0.866} = 0.346$,
$a_{33} = \sqrt{\rho_{33} - (a_{31}^2 + a_{32}^2)} = \sqrt{1 - (0.2)^2 - (0.346)^2} = 0.917$
$a_{12} = a_{13} = a_{23} = 0$

問題 3.3　想定される問題には，以下のようなものがある．
① 求めたい VaR の保有期間に相当するオプションが常に存在するとは限らない．
② オプション価格はボラティリティの市場期待を反映したものであるが，それが正確であるとは限らない．
③ BS 式などオプション価格評価式の前提条件が，成り立っているとは限らない．

④ 他のリスクファクターとの相関係数を計算する場合，ヒストリカルデータより算出する以外に選択肢がないことがある．

ただし長所として，急激に市場環境が変化した場合その変化に即座に反応できる，という側面がある．

問題 3.4 (3.11)式より

$$E = \frac{n \sum \Delta V_{p,t} \cdot \Delta x_t - \left(\sum \Delta V_{p,t}\right)\left(\sum \Delta x_t\right)}{n\left(\sum \Delta x_t^2\right) - \left(\sum \Delta x_t\right)^2}$$

分母分子をともに n^2 で割ると，

$$\begin{aligned}
\text{分子} &= \frac{1}{n}\sum \Delta V_p \cdot \Delta x - \left(\frac{1}{n}\sum \Delta V_p\right)\left(\frac{1}{n}\sum \Delta x\right) \\
&= \frac{1}{n}\sum \left(\Delta V_p - \frac{1}{n}\sum \Delta V_p\right)\left(\Delta x - \frac{1}{n}\sum \Delta x\right) \\
&= Cov(\Delta x, \Delta V_p) \\
\text{分母} &= \frac{1}{n}\sum \Delta x^2 - \left(\frac{1}{n}\sum \Delta x\right)^2 \\
&= \sigma_{\Delta x}^2
\end{aligned}$$

問題 4.1 各日次収益率の相関係数を 1 とした場合，$\text{VaR}_{99} = 2.33 \cdot T \cdot \sigma$

問題 4.2 (4.5)式より，$(w_0, w_1, \cdots, w_9) = (0.300,\ 0.210,\ 0.147,\ 0.103,\ 0.072,\ 0.050,\ 0.035,\ 0.025,\ 0.017,\ 0.012)$．(4.7)式より，$\Omega_{T_L} = 0.028$．また，$(w_0', w_1', \cdots, w_9') = (0.309,\ 0.216,\ 0.151,\ 0.106,\ 0.074,\ 0.052,\ 0.036,\ 0.025,\ 0.018,\ 0.012)$．

問題 4.3 ウェイトなしの標準偏差 $\sigma = 1.280$．また，$w_0, w_1, \cdots, w_9$ を用いた場合は $\sigma = 1.635$，$w_0', w_1', \cdots, w_9'$ を用いた場合は $\sigma = 1.659$ となる．ウェイトの有無の影響は大きいが，十分な観測期間をとれば，和残分ウェイト累積和 Ω_{T_L} による修正の影響は小さい．

問題 4.4 各方法による平均値，標準偏差は，表 A.1（次頁）のとおりである．

Box-Car 法とルート t 倍法の平均値は，各データに対して均等に重みが加わるため，同一の値となる．しかし Moving-Window 法は，両端のデータに対する重みが小さいため，他の方法とは異なった値となる．このデータは弱い 10 日周期の変動がみられるため，10 日分のデータを合成する Box-Car 法，Moving-Window 法に比べて，ルート t 倍法の標準偏差は大きくなる．

表 A.1

	Box-Car 法	Moving-Window 法	ルート t 倍法
平均値	1.333	1.847	1.333
標準偏差	3.061	3.013	3.662

問題 5.1 1 年グリッドポイントのウエイト $C_1 = \dfrac{0.5}{2-1} \times 5 = 2.5$. また，2 年グリッドポイントのウエイト $C_2 = \dfrac{0.5}{2-1} \times 5 + \dfrac{0.5}{3-1} \times 5 = 3.75$. 同様に 3 年では，$C_3 = \dfrac{0.5}{3-2} \times 5 + \dfrac{1.5}{5-3} \times 105 = 81.25$, 5 年では $C_4 = \dfrac{0.5}{5-3} \times 105 = 26.25$ となる．

問題 5.2 $\sigma_p = 22.3$, $\mathrm{VaR}_{99} = 52.1$

問題 5.3 (5.19)式により $E_1 = -2.45$, $E_2 = -9.42$, $E_3 = -216.57$, $E_4 = -103.73$ となる．よって，$\sigma_p = 12.6$, $\mathrm{VaR}_{99} = 29.4$

問題 6.1 確率 $P(z_1)$ は，下のようになる．

$$P(z_1) = {}_X C_{z_1} \cdot \left(\frac{1}{100}\right)^{z_1} \left(\frac{99}{100}\right)^{X-z_1}$$

また，$X = 250$ として上式を計算すると，$\sum_{z_1=0}^{4} P(z_1) = 0.8929$, $\sum_{z_1=0}^{5} P(z_1) = 0.9588$ であり，5 回以上の場合仮定は却下される．

問題 6.2 $z_1 = 1$, $z_2 = 1.023$, $z_3 = 2.58$. ただし，VaR を 2.33σ で定義した場合は $z_3 = 2.61$. 指標 z_1 では 10 回に 1 回 VaR を越えているので，モデルは適

切であるとはいえない．しかしデータが10回分しかなく指標自体の信頼性が低いため，この指標は重要ではない．指標 z_2 は満足のいく結果であり，モデルを支持している．指標 z_3 の評価はモデルの作成目的によって異なるため，これだけでは何ともいえない．

問題 6.3

モデル A：z_1 が大きすぎるため，実用に耐えられない．

モデル B：すべての点においてバランスがよい．

モデル C：VaR を大きめに算出する傾向があり，そのために超過回数が小さく算出されている．保守的なモデルと考えられるが，正確であるとはいえない．

モデル D：モデル C とは逆に VaR を小さく算出する傾向がある．そのため超過回数は大きくなる．モデル B と比較して正確であるとはいえないが，VaR を小さく算出したい何らかの事情があるときには，採用を検討してもよいであろう．

参 考 文 献

1) 甘利俊一 (1992), "情報幾何学", 応用数学, **2**(1), 37-56.
2) 大久保豊編, 市川 智, 片山徹也, 小山靖寛 (1997), アーニング・アット・リスク, 金融財政事情研究会.
3) 木島正明, 長山いづみ, 近江義行 (1996), ファイナンス工学入門, 第III部：数値計算法, 日科技連出版社.
4) 木島正明 (1998), 金融リスクの計量化, 上巻：バリュー・アット・リスク, 金融財政事情研究会.
5) 北川源四郎 (1993), 時系列解析プログラミング, 岩波書店.
6) 金融情報システムセンター (1997), 「マーケットリスク規制のための調査研究」に関する報告書（第1部）, 金融情報システムセンター.
7) 金融情報システムセンター (1998), 「マーケットリスク規制のための調査研究」に関する報告書（第2部）, 金融情報システムセンター.
8) 清水季子 (1998), "フィールドバック効果を考慮した動態的なマクロ・ストレステスト", *IMES Discussion Paper Series*, **98-J-1**.
9) 高島康裕 (1998), *Value at Risk-Risk Management of Derivatives*, 銀行研修社.
10) 高橋 誠, 荒井富雄 (1996), ビジネスゼミナール・デリバティブ入門, 日経新聞社.
11) 鳥井秀行 (1999), 金融リスク管理と乱数技術（超高次元下の要素間連鎖性記述および多期間モデル）, 東京工業大学理工学研究センター設立記念シンポジウム.
12) 日本銀行 (1997), 市場リスク集計値の計測について, 中央銀行の研究者グループによる共同研究資料.
13) 日本証券経済研究所 (1993), BIS規制と外国銀行の経営分析, 日本証券経済研究所.
14) 萩山 実, 山下智志 (1998), "BIS2次規制におけるValue at Risk算出のための内部モデルに関する研究", *ISM Research Memorandum*, **662**.
15) バーゼル銀行監督委員会 (1997), 金利リスクの管理のための諸原則—バーゼル銀行監督委員会による市中協議用提案—, バーゼル銀行監督委員会.
16) 牟田誠一朗 (1995), バリュー・アット・リスク, 近代セールス社.
17) 森平爽一郎, 小島 裕 (1997), コンピューテーショナル・ファイナンス, 朝倉書店.
18) 安田信託銀行投資研究部 (1990), ザ・ポートフォリオ・マネジメント, 金融財政事情研究会.
19) 湯野 勉 (1996), 金融リスクと銀行監督政策, 有斐閣.
20) Allen, M. (1994), "Building a role model", *Risk*, **7** (Sept.), 73-80.
21) Amari, S. (1995), "Information geometry of the EM and em algorithms for neural networks", *Neural Networks*, **8**(9).
22) Baillie, R. and Bollereslev, T. (1987), "A multivariate generalized ARCH approach to modeling risk premium in forward foreign exchange rate markets", *Journal of International Money and Finance*, **9**, 309-324.
23) Basle Committee on Banking Supervision (BIS) (1997), *Principles for the Management of Interest Rate Risk*, Basle Committee on Banking Supervision (BIS).
24) Bessis, J. (1998), *Risk Management in Banking*, John Wiley & Sons.
25) Bollereslev, T. (1986), "Generalized autoregressive conditional heteroskedasticity",

Journal of Econometrics, **31**, 307-327.
26) Bollereslev, T., Engle, R. F. and Woldridge, J. M. (1988), "A capital asset pricing model with time varying covariance", *Journal of Political Economy*, **96**, 116-131.
27) Bollereslev, T., Engle, R. F. and Nelson, D. B. (1994), "ARCH models", in *Handbook of Econometrics vol. IV* (Engle and McFaddeen eds.), pp. 2959-3038, Elsevier Science B. V.
28) Butler, J. S. and Schachter, B. (1996), *Improving value-at-risk estimates by combining kernel estimation with historical simulation*, Mimeo, Vanderbilt University and Comptroller of the Currency.
29) Carleton, W. T. and Cooper, I. A. (1976), "Estimation and uses of term structure of interest rate", *Journal of Finance*, **31**(Sep).
30) Chorafas, D. N. (1998), *The Market Risk Amendment*, McGraw-Hill.
31) Ding, Z., Granger, C. W. J. and Engle, R. F. (1993), "A long memory property of stock market returns and a new model", *Journal of Empirical Finance*, **1**, 86-106.
32) Ding, Z. (1994), "Time series analysis of speculative returns", Ph. D. dissertation, Department of Economics, University of California.
33) Dowd, K. (1998), *Beyond Value at Risk*, John Wiley & Sons.
34) Efron, B. (1982), "The jackknife, the bootstrap and other resampling plans", *SIAM, BBMS-National Science Foundation, Monograph*, **38**.
35) Engle, R. F. (1982), "Autoregressive conditional heteroskedasticity with estimates of the variance United Kingdom inflation", *Eonometrica*, **50**, 987-1007.
36) Engle, R. F. and Kroner, K. F. (1993), "Multivariate simulation generalized ARCH", Unpublished manuscript, Department of Economics, University of California.
37) Fama, E. (1965), "The behavior of stock market prices", *Journal of Business*, **38**, 34-105.
38) Glosten, L. R., Jagannathan, R. and Runkle, D. (1993), "On the relation between the expected value and the volatility of nominal excess returns on stocks", *Journal of Finance*, **48**, 1779-1801.
39) Huglet, M. (1973), "Estimating the term structure of interest rates for non-homogeneous bond", Ph. D. Dissertation, Graduate School of Business University of California.
40) Ibbotson, R. G. and Sinquefield, R. A. (1976), "Stock, bills, and inflation ; year-by-year historical return (1926-1974)", *Journal of Business*, 49(3).
41) Inclan, C. and Tiao, G.C. (1994), "Use of cumulative sums of squares for retrospective detection of change of variance, *Journal of the American Statistical Association*, 913-923.
42) Jackson, P., Maude, D. I. and Perraudin, W. (1997), "Bank capital and value-at-risk", *Journal of Derivatives*, **4**(Spring), 73-90.
43) Jamshidian, F. and Zhu Y. (1996), "Scenario simulation model for risk management", *Capital Market Strategies*, **12**(Dec.), 26-30.
44) Jorion, P. (1996 a), *Value at Risk : the New Benchmark for Controlling Market Risk*, Irwin.
45) Jorion, P. (1996 b), "Risk : measuring the risk in value at risk", *Financial Analysts Journal*, Nov. -Dec., 47-56.

46) Jorion, P. (1998), *Value at Risk*, McGraw-Hill.
47) J.P.Morgan(1995), RiskMetrics 3 rd edition, J.P.Morgan.
48) Linsmeier, T. J. and Pearson, N. D. (1996), "Risk measurement: An introduction to value at risk", Mimeo, University of Illinois at Urbana-Champaign.
49) Ljung, G. M. and Box, G. E. P. (1978), "On a measure of lack of fit in time series Models", *Biometrika*, **66**, 121-141.
50) Mahoney, J. M. (1996), "Forecast biases in value-at-risk estimations: evidence from foreign exchange and global equity portfolios", Mimeo, Federal Reserve Bank of New York.
51) Mandlebrot, B. (1963), "The variations of certain speculative prices", *Journal of Business*, **36**, 394-419.
52) Markowitz, H. (1959), *Portfolio Selection ; Efficient Diversification of Investments*, John Wiley & Sons.
53) McCulloch, J. H. (1975), "Measuring the term structure of interest rate", *Journal of Business*, **44**(Jan.).
54) Taylor, S. J. (1986), *Modeling Financial Time Series*, John Wiley & Sons.
55) Wilson, T. C. (1996), "Calculating risk capital", in *The Handbook of Risk Management and Analysis*, John Wiley & Sons.
56) Zakoian, J. M. (1994), "Threshold heteroskedastic models", *Journal of Economic Dynamics and Control*, **18**, 931-955.
57) Zangari, P. (1996 a), "A VaR methodology for portfolios that include options", *Risk Metrics Monitor*, 1 Quarter, 4-12.
58) Zangari, P. (1996 b), "How accurate is the delta-gamma methodology ? ", *Risk Metrics Monitor*, 3Quarter, 12-29.

索　引

AIC　16
ALM　7
ARCH モデル　69
ARMA モデル　64, 66
BEKK モデル　72
BIS　5
BIS 規制　6
BIS 標準法　43, 44
Box-Car 法　91
Box-Ljung 検定　95
CCC モデル　72
DIAG モデル　72
DVEC モデル　71
EGARCH モデル　70
EM アルゴリズム　98
ERM 危機　80
EWMA　88
fat-tail の仮説　32
GARCH モデル　69
Geary の検定　35
GJR モデル　70
JP モルガン社　1
LTCM　14
MEAN モデル　71
Moving-Window 法　92
OR　8
PGARCH モデル　70
Portforio Selection　7
risk　17
RiskMetrics　1
t 分布　34
TGARCH モデル　70
uncertainty　17
VaR　1, 23

ア　行

赤池情報量規準　16
アベイラビリティ　15
意思決定理論　17
異常値判定　99
一般化分散　54
イールドカーブ　103
イールドカーブリスク　13
インプライド・デルタガンマ法　54
インプライド・ボラティリティ　126
ウエイティング　88
ウエイト　24, 86
エクスポージャー　18, 47
オプション性のリスク　14
オプションプレミアム　114
オプションポートフォリオ　127
オペレーションズリサーチ　8
オペレーションリスク　15

カ　行

確率プロット　135
株式オプション　128
株式リスク　85
可変分散時系列モデル　67
加法的ショック　109
下方リスク　18, 21
為替オプション　128
為替リスク　85
観測期間　24, 86

感度分析　11
カントリーリスク　12
感応度　47
ガンマ　121

期間構造　102
疑似乱数　78
ギャップ分析　11
共分散　50
共分散構造分析　54
金利オプション　127
金利改定リスク　13
金利リスク　85

グリッドポイント　104
クロスガンマ　121
クロスリスク　85

月次リスク　13
欠損データ　97
減衰係数　88

高モーメント・デルタガンマ法　54
効用理論　17
効率的フロンティア　29
国際決済銀行　5
固定分散　66
個別信用リスク　12
コモディティリスク　85
コレスキー分解　73
コンプライアンスリスク　16
コンベクシティリスク　14

サ 行

債務行使能力　102
債務不履行　12
3次スプライン　106
算術収益率　22

時間的価値　114
自己回帰移動平均モデル　67
自己回帰係数　67
自己相関　32
市場変動モデル　63
市場リスク　13

指数ウエイト　88
指数加重移動平均法　88
システムリスク　16
シータ　122
下三角行列　74
シナリオ法　79
ジニ係数　138
重回帰分析　54
主成分分析　54
主要指標変動モデル　64
準乱数法　75
条件つき分散　69
乗法的ショック　109
シングルインデックスモデル　64, 128
信用リスク　12
信頼係数　25
信頼水準　25

ストラテジック・オペレーション　86
ストレステスト　78
スワップション　128

正規性　31
正方行列法　107
線形補間　98, 105
尖度　32

損失発生確率　21, 26

タ 行

対称変量法　76
対数収益率　22
対数正規分布　34
対数的ショック　109
ダウンサイドリスク　18, 21
多変量 GARCH モデル　71
タームストラクチャー　102

中心極限定理　34
調整乱数法　76, 77
直線補間　105

ディスカウントファクター　110
デフォルト　12
デュレーション　11, 19, 114

デルタ 120
デルタガンマ・ノーマルアプローチ 54
デルタガンマ法 53, 54, 123
デルタプラス法 123
デルタ法 43, 46

投資ホライズン 24
動的ストレスシミュレーション 80

ナ 行

内部モデル 44

2次サンプリング法 76
日次リスク 13

年次リスク 13

ハ 行

バックテスト 132
パラレルシフト 109
反復累積和 87

ヒストグラム 55
ヒストリカル法 44, 55
ヒストリカル・ボラティリティ 20
非正規性分布 34
非線形のリスク 19
非対称 GARCH モデル 69
ヒューマンリスク 16

不確実性 17
フグレの方法 107
物理乱数発生器 78
ブートストラップ法 59
ブラック-ショールズモデル 118
分散共分散行列 46, 50
分散共分散法 46

ベーシックリスク 14
ヘッジ・オペレーション 86
ヘッジ資産 86
変動リスク 12

法的リスク 16

保守性の原則 46
ポートフォリオ理論 7, 27
保有期間 24, 91
ボラティリティ 20, 23
本源的価値 114

マ 行

マカロフの方法 107
マチュリティーラダー分析 10
マッピング 38, 109
マルチファクターモデル 129

無作為抽出 59

メルセンヌツイスター 78

モデルリスク 15
モーメントマッチング法 76
モンテカルロ法 44, 62

ラ 行

ラムダ 121
ランダムウォーク 93

リーガルリスク 16
リクイディティ 14
リスク 17
リスクかけ目 45
リスク感応度 18
リスク管理システム 1
リスクファクター 37, 83
リスク量の合成 38
流動性のリスク 14

ルート t 倍法 93

ロー 122
ロスカットルール 80
ローレンツ曲線 138

ワ 行

歪度 32

著者略歴

山下 智志（やました さとし）

1963年　大阪府に生まれる
1989年　京都大学大学院工学研究科修士課程修了
　　　　安田信託銀行入社
　　　　熊本大学工学部助手を経て
現　在　文部省統計数理研究所助教授
　　　　マサチューセッツ工科大学客員準教授
　　　　工学博士
著　書　『ザ・ポートフォリオ・マネジメント』（きんざい）
　　　　『経営科学とコンピュータ』（共立出版）

シリーズ〈現代金融工学〉7
市場リスクの計量化とVaR　　定価はカバーに表示

2000年6月10日　初版第1刷
2019年5月25日　第16刷

著　者　山　下　智　志
発行者　朝　倉　誠　造
発行所　株式会社　朝　倉　書　店
　　　　東京都新宿区新小川町6-29
　　　　郵便番号　162-8707
　　　　電話　03(3260)0141
　　　　FAX　03(3260)0180
　　　　http://www.asakura.co.jp

〈検印省略〉

© 2000　〈無断複写・転載を禁ず〉　　シナノ・渡辺製本

ISBN 978-4-254-27507-0　C 3350　　Printed in Japan

JCOPY　〈出版者著作権管理機構　委託出版物〉

本書の無断複写は著作権法上での例外を除き禁じられています．複写される場合は，そのつど事前に，出版者著作権管理機構（電話 03-5244-5088, FAX 03-5244-5089, e-mail: info@jcopy.or.jp）の許諾を得てください．

好評の事典・辞典・ハンドブック

数学オリンピック事典	野口 廣 監修	B5判 864頁
コンピュータ代数ハンドブック	山本 慎ほか 訳	A5判 1040頁
和算の事典	山司勝則ほか 編	A5判 544頁
朝倉 数学ハンドブック［基礎編］	飯高 茂ほか 編	A5判 816頁
数学定数事典	一松 信 監訳	A5判 608頁
素数全書	和田秀男 監訳	A5判 640頁
数論＜未解決問題＞の事典	金光 滋 訳	A5判 448頁
数理統計学ハンドブック	豊田秀樹 監訳	A5判 784頁
統計データ科学事典	杉山高一ほか 編	B5判 788頁
統計分布ハンドブック（増補版）	蓑谷千凰彦 著	A5判 864頁
複雑系の事典	複雑系の事典編集委員会 編	A5判 448頁
医学統計学ハンドブック	宮原英夫ほか 編	A5判 720頁
応用数理計画ハンドブック	久保幹雄ほか 編	A5判 1376頁
医学統計学の事典	丹後俊郎ほか 編	A5判 472頁
現代物理数学ハンドブック	新井朝雄 著	A5判 736頁
図説ウェーブレット変換ハンドブック	新 誠一ほか 監訳	A5判 408頁
生産管理の事典	圓川隆夫ほか 編	B5判 752頁
サプライ・チェイン最適化ハンドブック	久保幹雄 著	B5判 520頁
計量経済学ハンドブック	蓑谷千凰彦ほか 編	A5判 1048頁
金融工学事典	木島正明ほか 編	A5判 1028頁
応用計量経済学ハンドブック	蓑谷千凰彦ほか 編	A5判 672頁

価格・概要等は小社ホームページをご覧ください．